TRANZLATY

La Langue est pour tout le Monde

Språk är till för alla

L'appel de la forêt

Skriet från vildmarken

Jack London

Français / Svenska

Dans le primitif
In i det primitiva

Buck ne lisait pas les journaux
Buck läste inte tidningarna.
S'il avait lu les journaux, il aurait su que des problèmes se préparaient.
Om han hade läst tidningarna hade han vetat att problem var på gång.
Il y avait des problèmes non seulement pour lui-même, mais pour tous les chiens de la marée.
Det var problem inte bara för honom själv, utan för varje tidvattenshund.
Tout chien musclé et aux poils longs et chauds allait avoir des ennuis.
Varje hund med starka muskler och varm, lång päls skulle få problem.
De Puget Bay à San Diego, aucun chien ne pouvait échapper à ce qui allait arriver.
Från Puget Bay till San Diego kunde ingen hund undkomma det som väntade.
Des hommes, tâtonnant dans l'obscurité de l'Arctique, avaient trouvé un métal jaune.
Män, som trevade i det arktiska mörkret, hade funnit en gul metall.
Les compagnies de navigation et de transport étaient à la recherche de cette découverte.
Ångfartygs- och transportföretag jagade upptäckten.
Des milliers d'hommes se précipitaient vers le Nord.
Tusentals män rusade in i Nordlandet.
Ces hommes voulaient des chiens, et les chiens qu'ils voulaient étaient des chiens lourds.
Dessa män ville ha hundar, och hundarna de ville ha var tunga hundar.
Chiens dotés de muscles puissants pour travailler.
Hundar med starka muskler att slita med.

Chiens avec des manteaux de fourrure pour les protéger du gel.
Hundar med päls som skyddar dem mot frosten.

Buck vivait dans une grande maison dans la vallée ensoleillée de Santa Clara.
Buck bodde i ett stort hus i den solkyssta Santa Clara Valley.
La maison du juge Miller s'appelait ainsi.
Domare Millers plats, hans hus kallades.
Sa maison se trouvait en retrait de la route, à moitié cachée parmi les arbres.
Hans hus stod en bit från vägen, halvt dolt bland träden.
On pouvait apercevoir la large véranda qui courait autour de la maison.
Man kunde få glimtar av den breda verandan som löpte runt huset.
On accédait à la maison par des allées gravillonnées.
Huset nåddes via grusade uppfarter.
Les sentiers serpentaient à travers de vastes pelouses.
Stigarna slingrade sig genom vidsträckta gräsmattor.
Au-dessus de nos têtes se trouvaient les branches entrelacées de grands peupliers.
Ovanför låg de sammanflätade grenarna av höga popplar.
À l'arrière de la maison, les choses étaient encore plus spacieuses.
På baksidan av huset var det ännu rymligare.
Il y avait de grandes écuries, où une douzaine de palefreniers discutaient
Det fanns stora stall, där ett dussin brudgummar pratade
Il y avait des rangées de maisons de serviteurs recouvertes de vigne
Det fanns rader av vinrankklädda tjänstefolksstugor
Et il y avait une gamme infinie et ordonnée de toilettes extérieures
Och det fanns en oändlig och ordnad samling av uthus
Longues tonnelles de vigne, pâturages verts, vergers et parcelles de baies.

Långa vinbärsträd, gröna betesmarker, fruktträdgårdar och bärfält.

Ensuite, il y avait l'usine de pompage du puits artésien.

Sedan fanns det pumpanläggningen för den artesiska brunnen.

Et il y avait le grand réservoir en ciment rempli d'eau.

Och där stod den stora cementtanken fylld med vatten.

C'est ici que les garçons du juge Miller ont fait leur plongeon matinal.

Här tog domare Millers pojkar sitt morgondopp.

Et ils se sont rafraîchis là-bas aussi dans l'après-midi chaud.

Och de svalkade sig där även på den varma eftermiddagen.

Et sur ce grand domaine, Buck était celui qui régnait sur tout.

Och över detta stora domänområde var det Buck som styrde alltihop.

Buck est né sur cette terre et y a vécu toutes ses quatre années.

Buck föddes på denna mark och bodde här alla sina fyra år.

Il y avait bien d'autres chiens, mais ils n'avaient pas vraiment d'importance.

Det fanns visserligen andra hundar, men de spelade egentligen ingen roll.

D'autres chiens étaient attendus dans un endroit aussi vaste que celui-ci.

Andra hundar förvärvades på en plats så vidsträckt som denna.

Ces chiens allaient et venaient, ou vivaient à l'intérieur des chenils très fréquentés.

Dessa hundar kom och gick, eller bodde inne i de livliga kennlarna.

Certains chiens vivaient cachés dans la maison, comme Toots et Ysabel.

Några hundar bodde gömda i huset, precis som Toots och Ysabel gjorde.

Toots était un carlin japonais, Ysabel un chien nu mexicain.

Toots var en japansk mops, Ysabel en mexikansk hårlös hund.

Ces étranges créatures sortaient rarement de la maison.
Dessa märkliga varelser gick sällan utanför huset.
Ils n'ont pas touché le sol, ni respiré l'air libre à l'extérieur.
De varken rörde marken eller luktade i den öppna luften
utanför.
Il y avait aussi les fox-terriers, au moins une vingtaine.
Det fanns också foxterriererna, minst tjugo till antalet.
**Ces terriers aboyaient férocement sur Toots et Ysabel à
l'intérieur.**
Dessa terrierer skällde ilsket på Toots och Ysabel inomhus.
**Toots et Ysabel sont restés derrière les fenêtres, à l'abri du
danger.**
Toots och Ysabel stannade bakom fönstren, skyddade från
fara.
**Ils étaient gardés par des domestiques munies de balais et
de serpillères.**
De bevakades av hushjälpar med kvastar och moppar.
**Mais Buck n'était pas un chien de maison, et il n'était pas
non plus un chien de chenil.**
Men Buck var ingen hushund, och han var ingen kennelhund
heller.
**L'ensemble de la propriété appartenait à Buck comme son
royaume légitime.**
Hela egendomen tillhörde Buck som hans rättmätiga rike.
**Buck nageait dans le réservoir ou partait à la chasse avec les
fils du juge.**
Buck simmade i dammen eller gick på jakt med domarens
söner.
Il marchait avec Mollie et Alice tôt ou tard le soir.
Han promenerade med Mollie och Alice under de tidiga eller
sena timmarna.
**Lors des nuits froides, il s'allongeait devant le feu de la
bibliothèque avec le juge.**
På kalla nätter låg han framför bibliotekets eld med domaren.
Buck a promené les petits-fils du juge sur son dos robuste.
Buck skjutsade domarens barnbarn på sin starka rygg.
Il roula dans l'herbe avec les garçons, les surveillant de près.

Han rullade sig i gräset med pojkarna och vaktade dem noga.
Ils s'aventurèrent jusqu'à la fontaine et même au-delà des
champs de baies.
De vågade sig till fontänen och till och med förbi bärfälten.
Parmi les fox terriers, Buck marchait toujours avec une fierté
royale.
Bland foxterriererna vandrade Buck alltid med kunglig
stolthet.
Il ignora Toots et Ysabel, les traitant comme s'ils étaient de
l'air.
Han ignorerade Toots och Ysabel och behandlade dem som
om de vore luft.
Buck régnait sur toutes les créatures vivantes sur les terres
du juge Miller.
Buck härskade över alla levande varelser på domare Millers
mark.
Il régnait sur les animaux, les insectes, les oiseaux et même
les humains.
Han härskade över djur, insekter, fåglar och till och med
människor.
Le père de Buck, Elmo, était un énorme et fidèle Saint-
Bernard.
Bucks far Elmo hade varit en enorm och lojal sankt
bernhardshund.
Elmo n'a jamais quitté le juge et l'a servi fidèlement.
Elmo lämnade aldrig domarens sida och tjänade honom
troget.
Buck semblait prêt à suivre le noble exemple de son père.
Buck verkade redo att följa sin fars ädla exempel.
Buck n'était pas aussi gros, pesant cent quarante livres.
Buck var inte riktigt lika stor, vägde fyrahundra kilo.
Sa mère, Shep, était un excellent chien de berger écossais.
Hans mor, Shep, hade varit en fin skotsk herdehund.
Mais même avec ce poids, Buck marchait avec une présence
royale.
Men även med den vikten gick Buck med kunglig närvaro.

Cela venait de la bonne nourriture et du respect qu'il recevait toujours.

Detta kom sig av god mat och den respekt han alltid fick.

Pendant quatre ans, Buck a vécu comme un noble gâté.

I fyra år hade Buck levt som en bortskämd adelsman.

Il était fier de lui, et même légèrement égoïste.

Han var stolt över sig själv, och till och med lite egoistisk.

Ce genre de fierté était courant chez les seigneurs des régions reculées.

Den sortens stolthet var vanlig bland avlägsna landsherrar.

Mais Buck s'est sauvé de devenir un chien de maison choyé.

Men Buck räddade sig från att bli en bortskämd hushund.

Il est resté mince et fort grâce à la chasse et à l'exercice.

Han höll sig smal och stark genom jakt och motion.

Il aimait profondément l'eau, comme les gens qui se baignent dans les lacs froids.

Han älskade vatten djupt, liksom människor som badar i kalla sjöar.

Cet amour pour l'eau a gardé Buck fort et en très bonne santé.

Denna kärlek till vatten höll Buck stark och mycket frisk.

C'était le chien que Buck était devenu à l'automne 1897.

Det här var hunden Buck hade blivit hösten 1897.

Lorsque la découverte du Klondike a attiré des hommes vers le Nord gelé.

När Klondike-attacken drog män till det frusna norr.

Des gens du monde entier se sont précipités vers ce pays froid.

Människor rusade från hela världen in i det kalla landet.

Buck, cependant, ne lisait pas les journaux et ne comprenait pas les nouvelles.

Buck läste emellertid varken tidningar eller nyheter.

Il ne savait pas que Manuel était un homme désagréable à fréquenter.

Han visste inte att Manuel var en dålig man att vara i närheten av.

Manuel, qui aidait au jardin, avait un problème grave.

Manuel, som hjälpte till i trädgården, hade ett djupt problem.
Manuel était accro aux jeux de loterie chinois.
Manuel var spelberoende i det kinesiska lotteriet.
Il croyait également fermement en un système fixe pour gagner.
Han trodde också starkt på ett fast system för att vinna.
Cette croyance rendait son échec certain et inévitable.
Den tron gjorde hans misslyckande säkert och oundvikligt.
Jouer un système exige de l'argent, ce qui manquait à Manuel.
Att spela ett system kräver pengar, vilket Manuel saknade.
Son salaire suffisait à peine à subvenir aux besoins de sa femme et de ses nombreux enfants.
Hans lön försörjde knappt hans fru och många barn.
La nuit où Manuel a trahi Buck, les choses étaient normales.
Natten då Manuel förrådde Buck var allt normalt.
Le juge était présent à une réunion de l'Association des producteurs de raisins secs.
Domaren var på ett möte för russinodlareföreningen.
Les fils du juge étaient alors occupés à former un club d'athlétisme.
Domarens söner var då upptagna med att bilda en idrottsklubb.
Personne n'a vu Manuel et Buck sortir par le verger.
Ingen såg Manuel och Buck gå genom fruktträdgården.
Buck pensait que cette promenade n'était qu'une simple promenade nocturne.
Buck trodde att den här promenaden bara var en enkel nattpromenad.
Ils n'ont rencontré qu'un seul homme à la station du drapeau, à College Park.
De mötte bara en man vid flaggstationen i College Park.
Cet homme a parlé à Manuel et ils ont échangé de l'argent.
Mannen pratade med Manuel, och de växlade pengar.
« Emballez les marchandises avant de les livrer », a-t-il suggéré.
"Slå in varorna innan du levererar dem", föreslog han.

La voix de l'homme était rauque et impatiente lorsqu'il parlait.

Mannens röst var grov och otålig när han talade.

Manuel a soigneusement attaché une corde épaisse autour du cou de Buck.

Manuel knöt försiktigt ett tjockt rep runt Bucks hals.

« Tournez la corde et vous l'étoufferez abondamment »

"Vrid repet, så stryper du honom ordentligt"

L'étranger émit un grognement, montrant qu'il comprenait bien.

Främlingen grymtade till, vilket visade att han förstod väl.

Buck a accepté la corde avec calme et dignité tranquille ce jour-là.

Buck tog emot repet med lugn och stillsam värdighet den dagen.

C'était un acte inhabituel, mais Buck faisait confiance aux hommes qu'il connaissait.

Det var en ovanlig handling, men Buck litade på männen han kände.

Il croyait que leur sagesse allait bien au-delà de sa propre pensée.

Han trodde att deras visdom sträckte sig långt bortom hans eget tänkande.

Mais ensuite la corde fut remise entre les mains de l'étranger.

Men sedan räcktes repet i främlingens händer.

Buck émit un grognement sourd qui avertissait avec une menace silencieuse.

Buck gav ifrån sig ett lågt morrande som varnade med stillsam hot.

Il était fier et autoritaire, et voulait montrer son mécontentement.

Han var stolt och befallande, och hade för avsikt att visa sitt missnöje.

Buck pensait que son avertissement serait compris comme un ordre.

Buck trodde att hans varning skulle tolkas som en order.

À sa grande surprise, la corde se resserra rapidement autour de son cou épais.

Till hans chock spändes repet hårt runt hans tjocka hals.

Son air fut coupé et il commença à se battre dans une rage soudaine.

Hans luft stängdes av och han började slåss i ett plötsligt raseri.

Il s'est jeté sur l'homme, qui a rapidement rencontré Buck en plein vol.

Han sprang mot mannen, som snabbt mötte Buck i luften.

L'homme attrapa Buck par la gorge et le fit habilement tourner dans les airs.

Mannen grep tag i Bucks hals och vred skickligt upp honom i luften.

Buck a été violemment projeté au sol, atterrissant à plat sur le dos.

Buck kastades hårt omkull och landade platt på rygg.

La corde l'étranglait alors cruellement tandis qu'il donnait des coups de pied sauvages.

Repet strypte honom nu grymt medan han sparkade vilt.

Sa langue tomba, sa poitrine se souleva, mais il ne reprit pas son souffle.

Hans tunga föll ut, hans bröstkorg hävdes, men han fick ingen andning.

Il n'avait jamais été traité avec une telle violence de sa vie.

Han hade aldrig blivit behandlad med sådant våld i sitt liv.

Il n'avait jamais été rempli d'une fureur aussi profonde auparavant.

Han hade inte heller varit fylld av en sådan djup ilska förut.

Mais le pouvoir de Buck s'est estompé et ses yeux sont devenus vitreux.

Men Bucks kraft bleknade, och hans ögon blev glasartade.

Il s'est évanoui juste au moment où un train s'arrêtait à proximité.

Han svimmade precis när ett tåg stannade till i närheten.

Les deux hommes le jetèrent alors rapidement dans le fourgon à bagages.

Sedan kastade de två männen honom snabbt in i
bagagevagnen.

**La chose suivante que Buck ressentit fut une douleur dans sa
langue enflée.**

Nästa sak Buck kände var smärta i sin svullna tunga.

Il se déplaçait dans un chariot tremblant, à peine conscient.

Han rörde sig i en skakande vagn, endast svagt medvetande.

**Le cri aigu d'un sifflet de train indiqua à Buck où il se
trouvait.**

Det skarpa skriket från en tågvissla avslöjade Bucks position.

**Il avait souvent roulé avec le juge et connaissait ce
sentiment.**

Han hade ofta åkt med domaren och kände igen känslan.

**C'était le choc unique de voyager à nouveau dans un
fourgon à bagages.**

Det var den unika känslan av att resa i en bagagevagn igen.

Buck ouvrit les yeux et son regard brûla de rage.

Buck öppnade ögonen, och hans blick brann av ilska.

C'était la colère d'un roi fier déchu de son trône.

Detta var vreden hos en stolt kung som tagen från sin tron.

**Un homme a tenté de l'attraper, mais Buck a frappé en
premier.**

En man sträckte sig för att gripa tag i honom, men Buck slog
till först istället.

**Il enfonça ses dents dans la main de l'homme et la serra
fermement.**

Han bet tänderna i mannens hand och höll hårt.

**Il ne l'a pas lâché jusqu'à ce qu'il s'évanouisse une deuxième
fois.**

Han släppte inte taget förrän han tappade sinnestillståndet en
andra gång.

« Ouais, il a des crises », murmura l'homme au bagagiste.

"Japp, får kramper", muttrade mannen till bagagevakten.

Le bagagiste avait entendu la lutte et s'était approché.

Bagagebäraren hade hört bråket och kom närmare.

« Je l'emmène à Frisco pour le patron », a expliqué l'homme.

"Jag tar honcm till 'Frisco för chefens skull", förklarade mannen.

« Il y a un excellent vétérinaire qui dit pouvoir les guérir. »

"Det finns en duktig hundläkare där som säger att han kan bota dem."

Plus tard dans la soirée, l'homme a donné son propre récit complet.

Senare samma kväll gav mannen sin egen fullständiga redogörelse.

Il parlait depuis un hangar derrière un saloon sur les quais.

Han talade från ett skjul bakom en saloon vid kajen.

« Tout ce qu'on m'a donné, c'était cinquante dollars », se plaignit-il au vendeur du saloon.

"Allt jag fick var femtio dollar", klagade han till saloonmannen.

« Je ne le referais pas, même pour mille dollars en espèces. »

"Jag skulle inte göra det igen, inte ens för tusen i kontanter."

Sa main droite était étroitement enveloppée dans un tissu ensanglanté.

Hans högra hand var hårt inlindad i en blodig duk.

Son pantalon était déchiré du genou au pied.

Hans byxben var vidöppet från knä till fot.

« Combien a été payé l'autre idiot ? » demanda le vendeur du saloon.

"Hur mycket fick den andra muggen betalt?" frågade saloonkarlen.

« Cent », répondit l'homme, « il n'accepterait pas un centime de moins. »

"Hundra", svarade mannen, "han skulle inte ta ett öre mindre."

« Cela fait cent cinquante », dit le vendeur du saloon.

"Det blir hur drafemtio", sa saloonkarlen.

« Et il vaut tout ça, sinon je ne suis pas meilleur qu'un imbécile. »

"Och han är värd allt, annars är jag inte bättre än en tråkig person."

L'homme ouvrit les emballages pour examiner sa main.

Mannen öppnade omslaget för att undersöka sin hand.
La main était gravement déchirée et couverte de sang séché.
Handen var illa sönderriven och täckt av torkat blod.
« Si je n'ai pas l' hydrophobie... » commença-t-il à dire.
"Om jag inte får vattenfobi..." började han säga.
« Ce sera parce que tu es né pour être pendu », dit-il en riant.
"Det är för att du är född för att hänga", kom ett skratt.
« Viens m'aider avant de partir », lui a-t-on demandé.
"Kom och hjälp mig innan du går", blev han ombedd.
Buck était dans un état second à cause de la douleur dans sa langue et sa gorge.
Buck var omtöcknad av smärtan i tungan och halsen.
Il était à moitié étranglé et pouvait à peine se tenir debout.
Han var halvt strypt och kunde knappt stå upprätt.
Pourtant, Buck essayait de faire face aux hommes qui l'avaient blessé ainsi.
Ändå försökte Buck konfrontera männen som hade sårat honom så.
Mais ils le jetèrent à terre et l'étranglèrent une fois de plus.
Men de kastade ner honom och strypte honom återigen.
Ce n'est qu'à ce moment-là qu'ils ont pu scier son lourd collier de laiton.
Först då kunde de såga av hans tunga mässingskrage.
Ils ont retiré la corde et l'ont poussé dans une caisse.
De tog bort repet och knuffade ner honom i en låda.
La caisse était petite et avait la forme d'une cage en fer brut.
Lådan var liten och formad som en grov järnbur.
Buck resta allongé là toute la nuit, rempli de colère et d'orgueil blessé.
Buck låg där hela natten, fylld av vrede och sårad stolthet.
Il ne pouvait pas commencer à comprendre ce qui lui arrivait.
Han kunde inte börja förstå vad som hände med honom.
Pourquoi ces hommes étranges le gardaient-ils dans cette petite caisse ?
Varför höll dessa konstiga män honom i den här lilla lådan?
Que voulaient-ils de lui et pourquoi cette cruelle captivité ?

Vad ville de med honom, och varför denna grymma fångenskap?

Il ressentait une pression sombre, un sentiment de catastrophe qui se rapprochait.

Han kände ett mörkt tryck; en känsla av att katastrofen närmade sig.

C'était une peur vague, mais elle pesait lourdement sur son esprit.

Det var en vag rädsla, men den satte sig tungt i hans själ.

Il a sursauté à plusieurs reprises lorsque la porte du hangar a claqué.

Flera gånger hoppade han upp när skjuldörren skallrade.

Il s'attendait à ce que le juge ou les garçons apparaissent et le sauvent.

Han förväntade sig att domaren eller pojkarna skulle dyka upp och rädda honom.

Mais à chaque fois, seul le gros visage du tenancier de bar apparaissait à l'intérieur.

Men bara saloonvärdens feta ansikte kikade in varje gång.

Le visage de l'homme était éclairé par la faible lueur d'une bougie de suif.

Mannens ansikte upplystes av det svaga skenet från ett talgljus.

À chaque fois, l'aboiement joyeux de Buck se transformait en un grognement bas et colérique.

Varje gång förändrades Bucks glada skall till ett lågt, ilsket morrande.

Le tenancier du saloon l'a laissé seul pour la nuit dans la caisse

Saloonvärden lämnade honom ensam i buren över natten

Mais quand il se réveilla le matin, d'autres hommes arrivèrent.

Men när han vaknade på morgonen kom fler män.

Quatre hommes sont venus et ont ramassé la caisse avec précaution, sans un mot.

Fyra män kom och plockade försiktigt upp lådan utan ett ord.

Buck comprit immédiatement dans quelle situation il se trouvait.

Buck förstod genast vilken situation han befann sig i.

Ils étaient d'autres bourreaux qu'il devait combattre et craindre.

De var ytterligare plågoandar som han var tvungen att bekämpa och frukta.

Ces hommes avaient l'air méchants, en haillons et très mal soignés.

Dessa män såg onda, slitna och mycket illa preparerade ut.

Buck grogna et se jeta férocement sur eux à travers les barreaux.

Buck morrade och kastade sig våldsamt mot dem genom gallren.

Ils se sont contentés de rire et de le frapper avec de longs bâtons en bois.

De bara skrattade och stack efter honom med långa träkäppar.

Buck a mordu les bâtons, puis s'est rendu compte que c'était ce qu'ils aimaient.

Buck bet i pinnarna, men insåg sedan att det var vad de gillade.

Il s'allongea donc tranquillement, maussade et brûlant d'une rage silencieuse.

Så lade han sig ner tyst, mutt och brinnande av stilla raseri.

Ils ont soulevé la caisse dans un chariot et sont partis avec lui.

De lyfte upp lådan i en vagn och körde iväg med honom.

La caisse, avec Buck enfermé à l'intérieur, changeait souvent de mains.

Lådan, med Buck inlåst inuti, bytte ofta ägare.

Les employés du bureau express ont pris les choses en main et l'ont traité brièvement.

Expresskontorets tjänstemän tog över och hanterade honom kort.

Puis un autre chariot transporta Buck à travers la ville bruyante.

Sedan bar en annan vagn Buck tvärs över den bullriga staden.

Un camion l'a emmené avec des cartons et des colis sur un ferry.

En lastbil tog honom med lådor och paket till en färja.

Après la traversée, le camion l'a déchargé dans un dépôt ferroviaire.

Efter att ha korsat lossade lastbilen honom vid en järnvägsdepå.

Finalement, Buck fut placé dans une voiture express en attente.

Till slut placerades Buck i en väntande expressvagn.

Pendant deux jours et deux nuits, les trains ont emporté la voiture express.

I två dagar och nätter drog tågen bort expressvagnen.

Buck n'a ni mangé ni bu pendant tout le douloureux voyage.

Buck varken åt eller drack under hela den smärtsamma resan.

Lorsque les messagers express ont essayé de l'approcher, il a grogné.

När expressbuden försökte närma sig honom morrade han.

Ils ont réagi en se moquant de lui et en le taquinant cruellement.

De svarade med att håna honom och reta honom grymt.

Buck se jeta sur les barreaux, écumant et tremblant

Buck kastade sig mot gallren, skummande och skakande

ils ont ri bruyamment et l'ont raillé comme des brutes de cour d'école.

De skrattade högt och hånade honom som skolgårdsmobbare.

Ils aboyaient comme de faux chiens et battaient des bras.

De skällde som låtsashundar och flaxade med armarna.

Ils ont même chanté comme des coqs juste pour le contrarier davantage.

De gol till och med som tuppar bara för att göra honom ännu mer upprörd.

C'était un comportement stupide, et Buck savait que c'était ridicule.

Det var dumt beteende, och Buck visste att det var löjligt.

Mais cela n'a fait qu'approfondir son sentiment d'indignation et de honte.

Men det fördjupade bara hans känsla av upprördhet och skam.

Il n'a pas été trop dérangé par la faim pendant le voyage.

Han var inte särskilt hungerbesvärad under resan.

Mais la soif provoquait une douleur aiguë et une souffrance insupportable.

Men törsten medförde skarp smärta och outhärdligt lidande.

Sa gorge sèche et enflammée et sa langue brûlaient de chaleur.

Hans torra, inflammerade hals och tunga brände av hetta.

Cette douleur alimentait la fièvre qui montait dans son corps fier.

Denna smärta gav näring åt febern som steg i hans stolta kropp.

Buck était reconnaissant pour une seule chose au cours de ce procès.

Buck var tacksam för en enda sak under den här rättegången.

La corde avait été retirée de son cou épais.

Repet hade tagits bort runt hans tjocka hals.

La corde avait donné à ces hommes un avantage injuste et cruel.

Repet hade gett dessa män en orättvis och grym fördel.

Maintenant, la corde avait disparu et Buck jura qu'elle ne reviendrait jamais.

Nu var repet borta, och Buck svor att det aldrig skulle återvända.

Il a décidé qu'aucune corde ne passerait plus jamais autour de son cou.

Han bestämde sig för att inget rep någonsin skulle gå runt hans hals igen.

Pendant deux longs jours et deux longues nuits, il souffrit sans nourriture.

I två långa dagar och nätter led han utan mat.

Et pendant ces heures, il a développé une énorme rage en lui.

Och under de timmarna byggde han upp en enorm ilska inom sig.

Ses yeux sont devenus injectés de sang et sauvages à cause d'une colère constante.

Hans ögon blev blodsprängda och vilda av ständig ilska.

Il n'était plus Buck, mais un démon aux mâchoires claquantes.

Han var inte längre Buck, utan en demon med smällande käkar.

Même le juge n'aurait pas reconnu cette créature folle.

Inte ens domaren skulle ha känt igen denna galna varelse.

Les messagers express ont soupiré de soulagement lorsqu'ils ont atteint Seattle

Expressbuden suckade av lättnad när de nådde Seattle

Quatre hommes ont soulevé la caisse et l'ont amenée dans une cour arrière.

Fyra män lyfte lådan och bar den till en bakgård.

La cour était petite, entourée de murs hauts et solides.

Gården var liten, omgiven av höga och solida murar.

Un grand homme sortit, vêtu d'un pull rouge affaissé.

En stor man klev ut i en hängande röd tröja.

Il a signé le carnet de livraison d'une écriture épaisse et audacieuse.

Han signerade leveransboken med tjock och djärv handstil.

Buck sentit immédiatement que cet homme était son prochain bourreau.

Buck anade genast att den här mannen var hans nästa plågoande.

Il se jeta violemment sur les barreaux, les yeux rouges de fureur.

Han kastade sig våldsamt mot gallren, ögonen röda av ilska.

L'homme sourit simplement sombrement et alla chercher une hachette.

Mannen log bara dystert och gick för att hämta en yxa.

Il portait également une massue dans sa main droite épaisse et forte.

Han hade också med sig en klubba i sin tjocka och starka högra hand.

« Tu vas le sortir maintenant ? » demanda le chauffeur, inquiet.

"Ska du köra ut honom nu?" frågade föraren oroligt.

« Bien sûr », dit l'homme en enfonçant la hachette dans la caisse comme levier.

"Visst", sa mannen och tryckte in yxan i lådan som en hävstång.

Les quatre hommes se dispersèrent instantanément et sautèrent sur le mur de la cour.

De fyra männen skingrades genast och hoppade upp på gårdsmuren.

Depuis leurs endroits sûrs, ils attendaient d'assister au spectacle.

Från sina trygga platser ovanför väntade de på att bevittna spektaklet.

Buck se jeta sur le bois éclaté, le mordant et le secouant violemment.

Buck kastade sig mot det splittrade träet, bet och skakade häftigt.

Chaque fois que la hachette touchait la cage, Buck était là pour l'attaquer.

Varje gång yxan träffade buren) var Buck där för att attackera den.

Il grogna et claqua des dents avec une rage folle, impatient d'être libéré.

Han morrade och fräste av vild ilska, ivrig att bli fri.

L'homme dehors était calme et stable, concentré sur sa tâche.

Mannen utanför var lugn och stadig, fokuserad på sin uppgift.

« Bon, alors, espèce de diable aux yeux rouges », dit-il lorsque le trou fut grand.

"Ja då, din rödögda djävul", sa han när hålet var stort.

Il laissa tomber la hachette et prit le gourdin dans sa main droite.

Han släppte yxan och tog klubban i sin högra hand.

Buck ressemblait vraiment à un diable ; les yeux injectés de sang et flamboyants.

Buck såg verkligen ut som en djävul; ögonen blodsprängda och flammande.

Son pelage se hérissait, de la mousse s'échappait de sa bouche, ses yeux brillaient.

Hans päls borstade, skum skummade vid munnen och ögonen glittrade.

Il rassembla ses muscles et se jeta directement sur le pull rouge.

Han spände musklerna och hoppade rakt på den röda tröjan.

Cent quarante livres de fureur s'abattèrent sur l'homme calme.

Ett hundrafyrtio pund raseri flög mot den lugne mannen.

Juste avant que ses mâchoires ne se referment, un coup terrible le frappa.

Precis innan hans käkar spändes igen drabbades han av ett fruktansvärt slag.

Ses dents claquèrent l'une contre l'autre, rien d'autre que l'air

Hans tänder knäppte ihop på ingenting annat än luft

une secousse de douleur résonna dans son corps

en smärtstöt sköljde genom hans kropp

Il a fait un saut périlleux en plein vol et s'est écrasé sur le dos et sur le côté.

Han voltade mitt i luften och föll ner på rygg och sida.

Il n'avait jamais ressenti auparavant le coup d'un gourdin et ne pouvait pas le saisir.

Han hade aldrig förut känt ett klubbslag och kunde inte fatta det.

Avec un grognement strident, mi-aboiement, mi-cri, il bondit à nouveau.

Med ett skrikande morrande, delvis skall, delvis skrik, hoppade han upp igen.

Un autre coup brutal le frappa et le projeta au sol.

Ännu ett brutalt slag träffade honom och kastade honom till marken.

Cette fois, Buck comprit : c'était la lourde massue de l'homme.

Den här gången förstod Buck – det var mannens tunga klubba.

Mais la rage l'aveuglait, et il n'avait aucune idée de retraite.

Men raseriet förblindade honom, och han tänkte inte på reträtt.

Douze fois il s'est lancé et douze fois il est tombé.

Tolv gånger kastade han sig, och tolv gånger föll han.

Le gourdin en bois le frappait à chaque fois avec une force impitoyable et écrasante.

Träklubban krossade honom varje gång med hänsynslös, krossande kraft.

Après un coup violent, il se releva en titubant, étourdi et lent.

Efter ett hårt slag stapplade han upp, omtöcknad och långsam.

Du sang coulait de sa bouche, de son nez et même de ses oreilles.

Blod rann från hans mun, näsa och till och med öron.

Son pelage autrefois magnifique était maculé de mousse sanglante.

Hans en gång så vackra kappa var nedsmetad med blodigt skum.

Alors l'homme s'est avancé et a donné un coup violent au nez.

Sedan klev mannen fram och slog honom rejält mot näsan.

L'agonie était plus vive que tout ce que Buck avait jamais ressenti.

Smärtan var skarpare än något Buck någonsin hade känt.

Avec un rugissement plus bête que chien, il bondit à nouveau pour attaquer.

Med ett vrål, mer odjur än hund, sprang han återigen till attack.

Mais l'homme attrapa sa mâchoire inférieure et la tourna vers l'arrière.

Men mannen grep tag i hans underkäke och vred den bakåt.

Buck fit un saut périlleux et s'écrasa à nouveau violemment.

Buck vände huvudstupa och föll hårt omkull igen.

Une dernière fois, Buck se précipita sur lui, maintenant à peine capable de se tenir debout.

En sista gång stormade Buck honom, nu knappt i stånd att stå upp.

L'homme a frappé avec un timing expert, délivrant le coup final.

Mannen slog till med skicklig tajming och utdelade det sista slaget.

Buck s'est effondré, inconscient et immobile.

Buck kollapsade i en hög, medvetslös och orörlig.

« Il n'est pas mauvais pour dresser les chiens, c'est ce que je dis », a crié un homme.

"Han är inte slöfock på att knäcka hundar, det är vad jag säger", skrek en man.

« Druther peut briser la volonté d'un chien n'importe quel jour de la semaine. »

"Druther kan krossa en hunds vilja vilken dag som helst i veckan."

« Et deux fois un dimanche ! » a ajouté le chauffeur.

"Och två gånger på en söndag!" tillade föraren.

Il monta dans le chariot et fit claquer les rênes pour partir.

Han klättrade in i vagnen och knäckte tyglarna för att ge sig av.

Buck a lentement repris le contrôle de sa conscience

Buck återfick långsamt kontrollen över sitt medvetande

mais son corps était encore trop faible et brisé pour bouger.

men hans kropp var fortfarande för svag och bruten för att röra sig.

Il resta allongé là où il était tombé, regardant l'homme au pull rouge.

Han låg där han hade fallit och tittade på den rödtröjade mannen.

« Il répond au nom de Buck », dit l'homme en lisant à haute voix.

"Han svarar på namnet Buck", sa mannen och läste högt.

Il a cité la note envoyée avec la caisse de Buck et les détails.

Han citerade från meddelandet som skickades med Bucks låda och detaljer.

« Eh bien, Buck, mon garçon », continua l'homme d'un ton amical,

"Nåväl, Buck, min pojke", fortsatte mannen med vänlig ton,

« Nous avons eu notre petite dispute, et maintenant c'est fini entre nous. »

"Vi har haft vårt lilla gräl, och nu är det över mellan oss."

« Tu as appris à connaître ta place, et j'ai appris à connaître la mienne », a-t-il ajouté.

"Du har lärt dig din plats, och jag har lärt mig min", tillade han.

« Sois sage, tout ira bien et la vie sera agréable. »

"Var snäll, så går allt bra, och livet blir behagligt."

« Mais sois méchant, et je te botterai les fesses, compris ? »

"Men var du elak, så slår jag stoppningen ur dig, förstår du?"

Tandis qu'il parlait, il tendit la main et tapota la tête douloureuse de Buck.

Medan han talade sträckte han ut handen och klappade Bucks ömma huvud.

Les cheveux de Buck se dressèrent au contact de l'homme, mais il ne résista pas.

Bucks hår reste sig vid mannens beröring, men han gjorde inget motstånd.

L'homme lui apporta de l'eau, que Buck but à grandes gorgées.

Mannen bar honom vatten, som Buck drack i stora klunkar.

Puis vint la viande crue, que Buck dévora morceau par morceau.

Sedan kom rått kött, som Buck slukade bit för bit.

Il savait qu'il était battu, mais il savait aussi qu'il n'était pas brisé.

Han visste att han var slagen, men han visste också att han inte var knäckt.

Il n'avait aucune chance contre un homme armé d'une matraque.

Han hade ingen chans mot en man beväpnad med en klubba.

Il avait appris la vérité et il n'a jamais oublié cette leçon.

Han hade lärt sig sanningen, och han glömde aldrig den läxan.

Cette arme était le début de la loi dans le nouveau monde de Buck.

Det vapnet var början på lagen i Bucks nya värld.

C'était le début d'un ordre dur et primitif qu'il ne pouvait nier.

Det var början på en hård, primitiv ordning som han inte kunde förneka.

Il accepta la vérité ; ses instincts sauvages étaient désormais éveillés.

Han accepterade sanningen; hans vilda instinkter var nu vakna.

Le monde était devenu plus dur, mais Buck l'a affronté avec courage.

Världen hade blivit hårdare, men Buck mötte den tappert.

Il a affronté la vie avec une prudence, une ruse et une force tranquille nouvelles.

Han mötte livet med ny försiktighet, slughet och stilla styrka.

D'autres chiens sont arrivés, attachés dans des cordes ou des caisses comme Buck l'avait été.

Fler hundar anlände, bundna i rep eller burar precis som Buck hade varit.

Certains chiens sont venus calmement, d'autres ont fait rage et se sont battus comme des bêtes sauvages.

Några hundar kom lugnt, andra rasade och slogs som vilda djur.

Ils furent tous soumis au règne de l'homme au pull rouge.

Alla av dem fördes under den rödtröjade mannens styre.

À chaque fois, Buck regardait et voyait la même leçon se dérouler.

Varje gång tittade Buck på och såg samma lärdom utvecklas.

L'homme avec la massue était la loi, un maître à obéir.

Mannen med klubban var lagen; en mästare att lyda.

Il n'avait pas besoin d'être aimé, mais il fallait qu'on lui obéisse.

Han behövde inte bli omtyckt, men han var tvungen att bli åtlydd.

Buck ne s'est jamais montré flatteur ni n'a remué la queue comme le faisaient les chiens plus faibles.

Buck fjäskade eller viftade aldrig som de svagare hundarna gjorde.

Il a vu des chiens qui avaient été battus et qui continuaient à lécher la main de l'homme.

Han såg hundar som var slagna och ändå slickade mannens hand.

Il a vu un chien qui refusait d'obéir ou de se soumettre du tout.

Han såg en hund som varken lydde eller underkastade sig något alls.

Ce chien s'est battu jusqu'à ce qu'il soit tué dans la bataille pour le contrôle.

Den hunden kämpade tills han dödades i kampen om kontrollen.

Des étrangers venaient parfois voir l'homme au pull rouge.

Främlingar kom ibland för att se den rödtröjade mannen.

Ils parlaient sur un ton étrange, suppliant, marchandant et riant.

De talade i underlig ton, vädjade, prutade och skrattade.

Lors de l'échange d'argent, ils partaient avec un ou plusieurs chiens.

När pengar växlades gav de sig av med en eller flera hundar.

Buck se demandait où étaient passés ces chiens, car aucun n'était jamais revenu.

Buck undrade vart dessa hundar tog vägen, för ingen återvände någonsin.

la peur de l'inconnu envahissait Buck chaque fois qu'un homme étrange venait

Rädsla för det okända fyllde Buck varje gång en främmande man kom

il était content à chaque fois qu'un autre chien était pris, plutôt que lui-même.

Han var glad varje gång en annan hund blev tagen, snarare än han själv.

Mais finalement, le tour de Buck arriva avec l'arrivée d'un homme étrange.

Men slutligen kom Bucks tur med ankomsten av en främmande man.

Il était petit, nerveux, parlait un anglais approximatif et jurait.

Han var liten, senig och talade bruten engelska och svordomar.

« Sacré-Dam ! » hurla-t-il en posant les yeux sur le corps de Buck.

"Sacredam!" ropade han när han fick syn på Bucks kropp.

« C'est un sacré chien tyrannique ! Hein ? Combien ? » demanda-t-il à voix haute.

"Det där är en förbannad bushund! Va? Hur mycket?" frågade han högt.

« Trois cents, et c'est un cadeau à ce prix-là. »

"Trehundra, och han är en present för det priset,"

« Puisque c'est de l'argent du gouvernement, tu ne devrais pas te plaindre, Perrault. »

"Eftersom det är statliga pengar borde du inte klaga, Perrault."

Perrault sourit à l'idée de l'accord qu'il venait de conclure avec cet homme.

Perrault flinade åt den överenskommelse han just hade ingått med mannen.

Le prix des chiens a grimpé en flèche en raison de la demande soudaine.

Priset på hundar hade skjutit i höjden på grund av den plötsliga efterfrågan.

Trois cents dollars, ce n'était pas injuste pour une si belle bête.

Trehundra dollar var inte orättvist för ett så fint djur.

Le gouvernement canadien ne perdrait rien dans cet accord

Den kanadensiska regeringen skulle inte förlora något på avtalet

Leurs dépêches officielles ne seraient pas non plus retardées en transit.

Inte heller skulle deras officiella försändelser försenas under transporten.

Perrault connaissait bien les chiens et pouvait voir que Buck était quelque chose de rare.

Perrault kände hundar väl och kunde se att Buck var något ovanligt.

« Un sur dix dix mille », pensa-t-il en étudiant la silhouette de Buck.

"En på tio tiotusen", tänkte han, medan han studerade Bucks kroppsbyggnad.

Buck a vu l'argent changer de mains, mais n'a montré aucune surprise.

Buck såg pengarna byta ägare, men visade ingen förvåning.

Bientôt, lui et Curly, un gentil Terre-Neuve, furent emmenés.

Snart fördes han och Lockig, en vänlig newfoundländsk hund, bort.

Ils suivirent le petit homme depuis la cour du pull rouge.

De följde den lille mannen från den röda tröjans gård.

Ce fut la dernière fois que Buck vit l'homme avec la massue en bois.

Det var det sista Buck någonsin såg av mannen med träklubban.

Depuis le pont du Narval, il regardait Seattle disparaître au loin.

Från Narwhals däck såg han Seattle försvinna i fjärran.

C'était aussi la dernière fois qu'il voyait le chaud Southland.

Det var också sista gången han någonsin såg det varma Söderlandet.

Perrault les emmena sous le pont et les laissa à François.

Perrault tog dem ner under däck och lämnade dem hos François.

François était un géant au visage noir, aux mains rugueuses et calleuses.

François var en svartansiktad jätte med grova, förhårdnade händer.

Il était brun et basané; un métis franco-canadien.

Han var mörk och blöt; en halvblod fransk-kanadensare.

Pour Buck, ces hommes étaient d'un genre qu'il n'avait jamais vu auparavant.

För Buck var dessa män av ett slag han aldrig hade sett förut.

Il allait connaître beaucoup d'autres hommes de ce genre dans les jours qui suivirent.

Han skulle lära känna många sådana män i de kommande dagarna.

Il ne s'est pas attaché à eux, mais il a appris à les respecter.

Han blev inte förtjust i dem, men han lärde sig att respektera dem.

Ils étaient justes et sages, et ne se laissaient pas facilement tromper par un chien.

De var rättvisa och kloka, och inte lättlurade av någon hund.

Ils jugeaient les chiens avec calme et ne les punissaient que lorsqu'ils le méritaient.

De dömde hundar lugnt och straffade bara när de var förtjänta.

Sur le pont inférieur du Narwhal, Buck et Curly ont rencontré deux chiens.

På Narwhals nedre däck mötte Buck och Lockig två hundar.

L'un d'eux était un grand chien blanc venu du lointain et glacial Spitzberg.

En var en stor vit hund från avlägsna, isiga Spetsbergen.

Il avait autrefois navigué avec un baleinier et rejoint un groupe d'enquête.

Han hade en gång seglat med en valfångare och gått med i en undersökningsgrupp.

Il était amical d'une manière sournoise, sournoise et rusée.

Han var vänlig på ett slugt, lömskt och slugt sätt.

Lors de leur premier repas, il a volé un morceau de viande dans la poêle de Buck.

Vid deras första måltid stal han en bit kött från Bucks panna.

Buck sauta pour le punir, mais le fouet de François frappa en premier.

Buck hoppade till för att straffa honom, men François piska träffade först.

Le voleur blanc hurla et Buck récupéra l'os volé.
Den vita tjuven skrek till, och Buck återtog det stulna benet.
Cette équité impressionna Buck, et François gagna son respect.
Den rättvisan imponerade på Buck, och François förtjänade hans respekt.
L'autre chien ne lui a pas adressé de salut et n'en a pas voulu en retour.
Den andra hunden gav ingen hälsning och ville inte ha någon tillbaka.
Il ne volait pas de nourriture et ne reniflait pas les nouveaux arrivants avec intérêt.
Han stal inte mat, och han nosade inte intresserat på de nyanlända.
Ce chien était sinistre et calme, sombre et lent.
Den här hunden var dyster och tyst, dyster och långsam i rörelse.
Il a averti Curly de rester à l'écart en la regardant simplement.
Han varnade Lockig att hålla sig borta genom att helt enkelt stirra på henne.
Son message était clair : laissez-moi tranquille ou il y aura des problèmes.
Hans budskap var tydligt; lämna mig ifred annars blir det problem.
Il s'appelait Dave et il remarquait à peine son environnement.
Han kallades Dave, och han lade knappt märke till sin omgivning.
Il dormait souvent, mangeait tranquillement et bâillait de temps en temps.
Han sov ofta, åt tyst och gäspade då och då.

Le navire ronronnait constamment avec le battement de l'hélice en dessous.
Fartyget surrade konstant med den dunkande propellern nedanför.

Les jours passèrent sans grand changement, mais le temps devint plus froid.

Dagarna gick utan några förändringar, men vädret blev kallare.

Buck pouvait le sentir dans ses os et remarqua que les autres le faisaient aussi.

Buck kunde känna det i sina ben, och märkte att de andra gjorde det också.

Puis un matin, l'hélice s'est arrêtée et tout est redevenu calme.

Så en morgon stannade propellern och allt var stilla.

Une énergie parcourut le vaisseau ; quelque chose avait changé.

En energi svepte genom skeppet; något hade förändrats.

François est descendu, les a attachés en laisse et les a remontés.

François kom ner, satte fast dem i koppel och förde upp dem.

Buck sortit et trouva le sol doux, blanc et froid.

Buck steg ut och fann marken mjuk, vit och kall.

Il sursauta en arrière, alarmé, et renifla, totalement confus.

Han hoppade bakåt i panik och fnös i total förvirring.

Une étrange substance blanche tombait du ciel gris.

Konstiga vita saker föll från den grå himlen.

Il se secoua, mais les flocons blancs continuaient à atterrir sur lui.

Han skakade på sig, men de vita flingorna fortsatte att landa på honom.

Il renifla soigneusement la substance blanche et lécha quelques morceaux glacés.

Han sniffade försiktigt på det vita och slickade på några isiga bitar.

La poudre brûla comme du feu, puis disparut de sa langue.

Pulvret brann som eld och försvann sedan rakt från hans tunga.

Buck essaya à nouveau, intrigué par l'étrange froideur qui disparaissait.

Buck försökte igen, förbryllad över den sällsamma, försvinnande kylan.

Les hommes autour de lui rirent et Buck se sentit gêné.

Männen runt omkring honom skrattade, och Buck kände sig generad.

Il ne savait pas pourquoi, mais il avait honte de sa réaction.

Han visste inte varför, men han skämdes över sin reaktion.

C'était sa première expérience avec la neige, et cela le dérouta.

Det var hans första erfarenhet av snö, och det förvirrade honom.

La loi du gourdin et des crocs
Klubbens och huggtändernas lag

Le premier jour de Buck sur la plage de Dyea ressemblait à un terrible cauchemar.
Bucks första dag på Dyea-stranden kändes som en fruktansvärd mardröm.

Chaque heure apportait de nouveaux chocs et des changements inattendus pour Buck.
Varje timme förde med sig nya chocker och oväntade förändringar för Buck.

Il avait été arraché à la civilisation et jeté dans un chaos sauvage.
Han hade ryckts ut ur civilisationen och kastats in i vilt kaos.

Ce n'était pas une vie ensoleillée et paresseuse, faite d'ennui et de repos.
Detta var inget soligt, latat liv med tristess och vila.

Il n'y avait pas de paix, pas de repos, et pas un instant sans danger.
Det fanns ingen fred, ingen vila och inget ögonblick utan fara.

La confusion régnait sur tout et le danger était toujours proche.
Förvirring styrde allt, och faran var alltid nära.

Buck devait rester vigilant car ces hommes et ces chiens étaient différents.
Buck var tvungen att vara vaksam eftersom dessa män och hundar var olika.

Ils n'étaient pas originaires des villes ; ils étaient sauvages et sans pitié.
De var inte från städer; de var vilda och utan barmhärtighet.

Ces hommes et ces chiens ne connaissaient que la loi du gourdin et des crocs.
Dessa män och hundar kände bara till lagen om klubba och huggtänder.

Buck n'avait jamais vu de chiens se battre comme ces huskies sauvages.
Buck hade aldrig sett hundar slåss som dessa vilda huskydjur.

Sa première expérience lui a appris une leçon qu'il n'oublierait jamais.

Hans första erfarenhet lärde honom en läxa han aldrig skulle glömma.

Il a eu de la chance que ce ne soit pas lui, sinon il serait mort aussi.

Han hade tur att det inte var han, annars hade han också dött.

Curly était celui qui souffrait tandis que Buck regardait et apprenait.

Det var Lockig som led medan Buck tittade på och lärde sig.

Ils avaient installé leur campement près d'un magasin construit en rondins.

De hade slagit läger nära ett lager byggt av timmer.

Curly a essayé d'être amical avec un grand husky ressemblant à un loup.

Lockig försökte vara vänlig mot en stor, vargliknande husky.

Le husky était plus petit que Curly, mais avait l'air sauvage et méchant.

Huskyn var mindre än Lockig, men såg vild och elak ut.

Sans prévenir, il a sauté et lui a ouvert le visage.

Utan förvarning hoppade han till och skar upp hennes ansikte.

Ses dents lui coupèrent l'œil jusqu'à sa mâchoire en un seul mouvement.

Hans tänder skar från hennes öga ner till hennes käke i ett enda drag.

C'est ainsi que les loups se battaient : ils frappaient vite et sautaient loin.

Så här slogs vargar – de slog snabbt och hoppade iväg.

Mais il y avait plus à apprendre que de cette seule attaque.

Men det fanns mer att lära sig än av den enda attacken.

Des dizaines de huskies se sont précipités et ont formé un cercle silencieux.

Dussintals huskyar rusade in och bildade en tyst cirkel.

Ils regardaient attentivement et se léchaient les lèvres avec faim.

De tittade noga och slickade sig om läpparna av hunger.

Buck ne comprenait pas leur silence ni leurs regards avides.

Buck förstod inte deras tystnad eller deras ivriga blickar.

Curly s'est précipité pour attaquer le husky une deuxième fois.

Lockig rusade för att attackera huskyn en andra gång.

Il a utilisé sa poitrine pour la renverser avec un mouvement puissant.

Han använde bröstet för att välta henne med en kraftfull rörelse.

Elle est tombée sur le côté et n'a pas pu se relever.

Hon föll på sidan och kunde inte resa sig upp igen.

C'est ce que les autres attendaient depuis le début.

Det var det som de andra hade väntat på hela tiden.

Les huskies ont sauté sur elle, hurlant et grognant avec frénésie.

Huskiesna hoppade på henne, skrikande och morrande i ett vansinnigt tempo.

Elle a crié alors qu'ils l'enterraient sous un tas de chiens.

Hon skrek när de begravde henne under en hög med hundar.

L'attaque fut si rapide que Buck resta figé sur place sous le choc.

Attacken var så snabb att Buck frös till av chock.

Il vit Spitz tirer la langue d'une manière qui ressemblait à un rire.

Han såg Spitz sträcka ut tungan på ett sätt som såg ut som ett skratt.

François a attrapé une hache et a couru droit vers le groupe de chiens.

François grep en yxa och sprang rakt in i hundflocket.

Trois autres hommes ont utilisé des gourdins pour aider à repousser les huskies.

Tre andra män använde klubbor för att hjälpa till att jaga bort huskiesna.

En seulement deux minutes, le combat était terminé et les chiens avaient disparu.

På bara två minuter var slagsmålet över och hundarna var borta.

Curly gisait morte dans la neige rouge et piétinée, son corps déchiré.

Lockig låg död i den röda, nedtrampade snön, hennes kropp sönderriven.

Un homme à la peau sombre se tenait au-dessus d'elle, maudissant la scène brutale.

En mörkhyad man stod över henne och förbannade den brutala scenen.

Le souvenir est resté avec Buck et a hanté ses rêves la nuit.

Minnet stannade kvar hos Buck och hemsökte hans drömmar om nätterna.

C'était comme ça ici : pas d'équité, pas de seconde chance.

Det var så här; ingen rättvisa, ingen andra chans.

Une fois qu'un chien tombait, les autres le tuaient sans pitié.

När en hund föll, dödade de andra utan nåd.

Buck décida alors qu'il ne se permettrait jamais de tomber.

Buck bestämde sig då för att han aldrig skulle låta sig själv falla.

Spitz tira à nouveau la langue et rit du sang.

Spitz sträckte ut tungan igen och skrattade åt blodet.

À partir de ce moment-là, Buck détesta Spitz de tout son cœur.

Från det ögonblicket hatade Buck Spitz av hela sitt hjärta.

Avant que Buck ne puisse se remettre de la mort de Curly, quelque chose de nouveau s'est produit.

Innan Buck hann återhämta sig från Lockigs död hände något nytt.

François s'est approché et a attaché quelque chose autour du corps de Buck.

François kom fram och spände fast något runt Bucks kropp.

C'était un harnais comme ceux utilisés sur les chevaux du ranch.

Det var en sele lik den som används på hästar på ranchen.

Comme Buck avait vu les chevaux travailler, il devait maintenant travailler aussi.

Precis som Buck hade sett hästar arbeta, var han nu tvungen att också arbeta.

Il a dû tirer François sur un traîneau dans la forêt voisine.

Han var tvungen att dra François på en släde in i skogen i närheten.

Il a ensuite dû ramener une lourde charge de bois de chauffage.

Sedan var han tvungen att dra tillbaka ett lass tungt ved.

Buck était fier, donc cela lui faisait mal d'être traité comme un animal de travail.

Buck var stolt, så det gjorde ont att bli behandlad som ett arbetsdjur.

Mais il était sage et n'a pas essayé de lutter contre la nouvelle situation.

Men han var klok och försökte inte kämpa mot den nya situationen.

Il a accepté sa nouvelle vie et a donné le meilleur de lui-même dans chaque tâche.

Han accepterade sitt nya liv och gav sitt bästa i varje uppgift.

Tout ce qui concernait ce travail lui était étrange et inconnu.

Allt med arbetet var främmande och okänt för honom.

François était strict et exigeait l'obéissance sans délai.

François var sträng och krävde lydnad utan dröjsmål.

Son fouet garantissait que chaque ordre soit exécuté immédiatement.

Hans piska såg till att varje kommando följdes genast.

Dave était le conducteur du traîneau, le chien le plus proche du traîneau derrière Buck.

Dave var rullande hund, hunden närmast släden bakom Buck.

Dave mordait Buck sur les pattes arrière s'il faisait une erreur.

Dave bet Buck i bakbenen om han gjorde ett misstag.

Spitz était le chien de tête, compétent et expérimenté dans ce rôle.

Spitz var ledarhunden, skicklig och erfaren i rollen.

Spitz ne pouvait pas atteindre Buck facilement, mais il le corrigea quand même.

Spitz kunde inte lätt nå Buck, men rättade honom ändå.

Il grognait durement ou tirait le traîneau d'une manière qui enseignait à Buck.

Han morrade hårt eller drog släden på sätt som lärde Buck.

Grâce à cette formation, Buck a appris plus vite que ce qu'ils avaient imaginé.

Under den här träningen lärde sig Buck snabbare än någon av dem förväntade sig.

Il a travaillé dur et a appris de François et des autres chiens.

Han arbetade hårt och lärde sig av både François och de andra hundarna.

À leur retour, Buck connaissait déjà les commandes clés.

När de återvände kunde Buck redan nyckelkommandona.

Il a appris à s'arrêter au son « ho » de François.

Han lärde sig att stanna vid ljudet av "ho" från François.

Il a appris quand il a dû tirer le traîneau et courir.

Han lärde sig när han var tvungen att dra släden och springa.

Il a appris à tourner largement dans les virages du sentier sans difficulté.

Han lärde sig att svänga brett i kurvor på leden utan problem.

Il a également appris à éviter Dave lorsque le traîneau descendait rapidement.

Han lärde sig också att undvika Dave när släden åkte nerför snabbt.

« Ce sont de très bons chiens », dit fièrement François à Perrault.

"De är väldigt duktiga hundar", sa François stolt till Perrault.

« Ce Buck tire comme un dingue, je lui apprends vite fait. »

"Den där Bucken drar som bara den – jag lär honom hur snabbt som helst."

Plus tard dans la journée, Perrault est revenu avec deux autres chiens husky.

Senare samma dag kom Perrault tillbaka med ytterligare två huskyhundar.

Ils s'appelaient Billee et Joe, et ils étaient frères.

De hette Billee och Joe, och de var bröder.

Ils venaient de la même mère, mais ne se ressemblaient pas
du tout.

De kom från samma mor, men var inte alls lika.

Billee était de nature douce et très amicale avec tout le
monde.

Billee var godhjärtad och alltför vänlig mot alla.

Joe était tout le contraire : calme, en colère et toujours en
train de grogner.

Joe var motsatsen – tyst, arg och alltid morrande.

Buck les a accueillis de manière amicale et s'est montré
calme avec eux deux.

Buck hälsade dem vänligt och förhöll sig lugn mot båda.

Dave ne leur prêta aucune attention et resta silencieux
comme d'habitude.

Dave brydde sig inte om dem och förblev tyst som vanligt.

Spitz a attaqué d'abord Billee, puis Joe, pour montrer sa
domination.

Spitz attackerade först Billee, sedan Joe, för att visa sin
dominans.

Billee remua la queue et essaya d'être amical avec Spitz.

Billee viftade på svansen och försökte vara vänlig mot Spitz.

Lorsque cela n'a pas fonctionné, il a essayé de s'enfuir à la
place.

När det inte fungerade försökte han springa iväg istället.

Il a pleuré tristement lorsque Spitz l'a mordu fort sur le côté.

Han grät sorgset när Spitz bet honom hårt i sidan.

Mais Joe était très différent et refusait d'être intimidé.

Men Joe var väldigt annorlunda och vägrade att bli mobbad.

Chaque fois que Spitz s'approchait, Joe se retournait pour
lui faire face rapidement.

Varje gång Spitz kom nära, vände Joe sig snabbt om för att
möta honom.

Sa fourrure se hérissa, ses lèvres se retroussèrent et ses dents
claquèrent sauvagement.

Hans päls borstade, hans läppar krullade sig och hans tänder
knäppte vilt.

Les yeux de Joe brillaient de peur et de rage, défiant Spitz de frapper.

Joes ögon glänste av rädsla och raseri och utmanade Spitz att slå till.

Spitz abandonna le combat et se détourna, humilié et en colère.

Spitz gav upp kampen och vände sig bort, förödmjukad och arg.

Il a déversé sa frustration sur le pauvre Billee et l'a chassé.

Han släppte ut sin frustration på stackars Billee och jagade bort honom.

Ce soir-là, Perrault ajouta un chien de plus à l'équipe.

Den kvällen lade Perrault till ytterligare en hund i teamet.

Ce chien était vieux, maigre et couvert de cicatrices de guerre.

Den här hunden var gammal, mager och täckt av stridsärr.

L'un de ses yeux manquait, mais l'autre brillait de puissance.

Ett av hans öga saknades, men det andra blixtrade av kraft.

Le nom du nouveau chien était Solleks, ce qui signifiait « celui qui est en colère ».

Den nya hundens namn var Solleks, vilket betydde Den Arga.

Comme Dave, Solleks ne demandait rien aux autres et ne donnait rien en retour.

Liksom Dave begärde Solleks ingenting av andra och gav ingenting tillbaka.

Lorsque Solleks entra lentement dans le camp, même Spitz resta à l'écart.

När Solleks långsamt gick in i lägret höll sig till och med Spitz borta.

Il avait une étrange habitude que Buck a eu la malchance de découvrir.

Han hade en konstig vana som Buck hade otur att upptäcka.

Solleks détestait qu'on l'approche du côté où il était aveugle.

Solleks hatade att bli närmad från den sida där han var blind.

Buck ne le savait pas et a fait cette erreur par accident.

Buck visste inte detta och gjorde det misstaget av misstag.

Solleks se retourna et frappa l'épaule de Buck profondément et rapidement.

Solleks snurrade om och högg Buck djupt och snabbt i axeln.

À partir de ce moment, Buck ne s'est plus jamais approché du côté aveugle de Solleks.

Från det ögonblicket kom Buck aldrig i närheten av Solleks blinda sida.

Ils n'ont plus jamais eu de problèmes pendant le reste de leur temps ensemble.

De hade aldrig problem igen under resten av sin tid tillsammans.

Solleks voulait seulement être laissé seul, comme le calme Dave.

Solleks ville bara bli lämnad ifred, precis som den tystlåtne Dave.

Mais Buck apprendra plus tard qu'ils avaient chacun un autre objectif secret.

Men Buck skulle senare få veta att de var och en hade ett annat hemligt mål.

Cette nuit-là, Buck a dû faire face à un nouveau défi troublant : comment dormir.

Den natten stod Buck inför en ny och besvärande utmaning – hur man skulle sova.

La tente brillait chaleureusement à la lumière des bougies dans le champ enneigé.

Tältet glödde varmt av levande ljus i det snötäckta fältet.

Buck entra, pensant qu'il pourrait se reposer là comme avant.

Buck gick in och tänkte att han kunde vila där som förut.

Mais Perrault et François lui criaient dessus et lui jetaient des casseroles.

Men Perrault och François skrek åt honom och kastade kastpannor.

Choqué et confus, Buck s'est enfui dans le froid glacial.

Chockad och förvirrad sprang Buck ut i den isande kylan.

Un vent glacial piquait son épaule blessée et lui gelait les pattes.

En bitter vind sved i hans sårade axel och frös till i hans tassar.

Il s'est allongé dans la neige et a essayé de dormir à la belle étoile.

Han lade sig ner i snön och försökte sova ute i det fria.

Mais le froid l'obligea bientôt à se relever, tremblant terriblement.

Men kylan tvingade honom snart att resa sig upp igen, darrandes rejält.

Il erra dans le camp, essayant de trouver un endroit plus chaud.

Han vandrade genom lägret och försökte hitta en varmare plats.

Mais chaque coin était aussi froid que le précédent.

Men varje hörn var lika kallt som det föregående.

Parfois, des chiens sauvages sautaient sur lui dans l'obscurité.

Ibland hoppade vilda hundar på honom från mörkret.

Buck hérissa sa fourrure, montra ses dents et grogna en signe d'avertissement.

Buck strök med pälsen, blottade tänderna och morrade varnande.

Il apprenait vite et les autres chiens reculaient rapidement.

Han lärde sig snabbt, och de andra hundarna backade snabbt.

Il n'avait toujours pas d'endroit où dormir et ne savait pas quoi faire.

Ändå hade han ingenstans att sova, och ingen aning om vad han skulle göra.

Finalement, une pensée lui vint : aller voir ses coéquipiers.

Till slut slog honom en tanke – kolla läget med sina lagkamrater.

Il est retourné dans leur région et a été surpris de les trouver partis.

Han återvände till deras område och blev förvånad över att de var borta.

Il chercha à nouveau dans le camp, mais ne parvint toujours pas à les trouver.

Återigen sökte han igenom lägret, men kunde fortfarande inte hitta dem.

Il savait qu'ils ne pouvaient pas être dans la tente, sinon il le serait aussi.

Han visste att de inte fick vara i tältet, annars skulle han också vara det.

Alors, où étaient passés tous les chiens dans ce camp gelé ?

Så vart hade alla hundar tagit vägen i det här frusna lägret?

Buck, froid et misérable, tournait lentement autour de la tente.

Buck, kall och olycklig, cirkulerade långsamt runt tältet.

Soudain, ses pattes avant s'enfoncèrent dans la neige molle et le surprit.

Plötsligt sjönk hans framben ner i den mjuka snön och skrämde honom.

Quelque chose se tortilla sous ses pieds et il sursauta en arrière, effrayé.

Något slingrade sig under hans fötter, och han hoppade bakåt i rädsla.

Il grogna et grogna, ne sachant pas ce qui se cachait sous la neige.

Han morrade och morrade, ovetande om vad som låg under snön.

Puis il entendit un petit aboiement amical qui apaisa sa peur.

Sedan hörde han ett vänligt litet skall som lindrade hans rädsla.

Il renifla l'air et s'approcha pour voir ce qui était caché.

Han luktade i luften och kom närmare för att se vad som gömde sig.

Sous la neige, recroquevillée en boule chaude, se trouvait la petite Billee.

Under snön, hopkrupen till en varm boll, låg lilla Billee.

Billee remua la queue et lécha le visage de Buck pour le saluer.

Billee viftade på svansen och slickade Bucks ansikte för att hälsa honom.

Buck a vu comment Billee avait fabriqué un endroit pour dormir dans la neige.
Buck såg hur Billee hade gjort en sovplats i snön.
Il avait creusé et utilisé sa propre chaleur pour rester au chaud.
Han hade grävt ner sig och använt sin egen värme för att hålla sig varm.
Buck avait appris une autre leçon : c'est ainsi que les chiens dormaient.
Buck hade lärt sig en annan läxa – det var så här hundarna sov.
Il a choisi un endroit et a commencé à creuser son propre trou dans la neige.
Han valde en plats och började gräva sitt eget hål i snön.
Au début, il bougeait trop et gaspillait de l'énergie.
Till en början rörde han sig för mycket och slösade energi.
Mais bientôt son corps réchauffa l'espace et il se sentit en sécurité.
Men snart värmde hans kropp upp utrymmet, och han kände sig trygg.
Il se recroquevilla étroitement et, peu de temps après, il s'endormit profondément.
Han kröp ihop sig hårt, och det dröjde inte länge förrän han sov djupt.
La journée avait été longue et dure, et Buck était épuisé.
Dagen hade varit lång och svår, och Buck var utmattad.
Il dormait profondément et confortablement, même si ses rêves étaient fous.
Han sov djupt och bekvämt, fastän hans drömmar var vilda.
Il grognait et aboyait dans son sommeil, se tordant pendant qu'il rêvait.
Han morrade och skällde i sömnen och vred sig medan han drömde.

Buck ne s'est réveillé que lorsque le camp était déjà en train de prendre vie.
Buck vaknade inte förrän lägret redan vaknade till liv.

Au début, il ne savait pas où il était ni ce qui s'était passé.

Till en början visste han inte var han var eller vad som hade hänt.

La neige était tombée pendant la nuit et avait complètement enseveli son corps.

Snö hade fallit över natten och begravt hans kropp helt.

La neige se pressait autour de lui, serrée de tous côtés.

Snön tryckte sig tätt runt honom från alla sidor.

Soudain, une vague de peur traversa tout le corps de Buck.

Plötsligt rusade en våg av rädsla genom hela Bucks kropp.

C'était la peur d'être piégé, une peur venue d'instincts profonds.

Det var rädslan för att bli fångad, en rädsla från djupa instinkter.

Bien qu'il n'ait jamais vu de piège, la peur vivait en lui.

Även om han aldrig hade sett en fälla, levde rädslan inom honom.

C'était un chien apprivoisé, mais maintenant ses vieux instincts sauvages se réveillaient.

Han var en tam hund, men nu vaknade hans gamla vilda instinkter.

Les muscles de Buck se tendirent et sa fourrure se dressa sur tout son dos.

Bucks muskler spändes, och hans päls reste sig över hela ryggen.

Il grogna férocement et bondit droit dans la neige.

Han morrade ilsket och hoppade rakt upp genom snön.

La neige volait dans toutes les directions alors qu'il faisait irruption dans la lumière du jour.

Snön flög åt alla håll när han bröt ut i dagsljuset.

Avant même d'atterrir, Buck vit le camp s'étendre devant lui.

Redan innan landstigningen såg Buck lägret utbrett framför sig.

Il se souvenait de tout ce qui s'était passé la veille, d'un seul coup.

Han kom ihåg allt från dagen innan, på en gång.

Il se souvenait d'avoir flâné avec Manuel et d'avoir fini à cet endroit.

Han mindes att han promenerade med Manuel och hamnade på den här platsen.

Il se souvenait avoir creusé le trou et s'être endormi dans le froid.

Han mindes att han grävde hålet och somnade i kylan.

Maintenant, il était réveillé et le monde sauvage qui l'entourait était clair.

Nu var han vaken, och den vilda världen omkring honom var klar.

Un cri de François salua l'apparition soudaine de Buck.

Ett rop från François hyllade Bucks plötsliga ankomst.

« Qu'est-ce que j'ai dit ? » cria le conducteur du chien à Perrault.

"Vad sa jag?" ropade hundföraren högt till Perrault.

« Ce Buck apprend vraiment très vite », a ajouté François.

"Den där Buck lär sig verkligen hur snabbt som helst", tillade François.

Perrault hocha gravement la tête, visiblement satisfait du résultat.

Perrault nickade allvarligt, tydligt nöjd med resultatet.

En tant que courrier pour le gouvernement canadien, il transportait des dépêches.

Som kurir för den kanadensiska regeringen bar han depescher.

Il était impatient de trouver les meilleurs chiens pour son importante mission.

Han var ivrig att hitta de bästa hundarna för sitt viktiga uppdrag.

Il se sentait particulièrement heureux maintenant que Buck faisait partie de l'équipe.

Han kände sig särskilt glad nu när Buck var en del av laget.

Trois autres huskies ont été ajoutés à l'équipe en une heure.

Tre ytterligare huskies lades till i laget inom en timme.

Cela porte le nombre total de chiens dans l'équipe à neuf.

Det innebar att det totala antalet hundar i laget uppgick till nio.

En quinze minutes, tous les chiens étaient dans leurs harnais.

Inom femton minuter var alla hundar i sina selar.

L'équipe de traîneaux remontait le sentier en direction du canyon de Dyea.

Kälkspannet svängde uppför stigen mot Dyea Cañon.

Buck était heureux de partir, même si le travail à venir était difficile.

Buck kände sig glad över att få åka, även om arbetet framför honom var hårt.

Il s'est rendu compte qu'il ne détestait pas particulièrement le travail ou le froid.

Han fann att han inte särskilt föraktade arbetet eller kylan.

Il a été surpris par l'empressement qui a rempli toute l'équipe.

Han blev förvånad över den iver som fyllde hela laget.

Encore plus surprenant fut le changement qui s'était produit chez Dave et Solleks.

Ännu mer förvånande var den förändring som hade skett över Dave och Solleks.

Ces deux chiens étaient complètement différents lorsqu'ils étaient attelés.

Dessa två hundar var helt olika när de var selade.

Leur passivité et leur manque d'intérêt avaient complètement disparu.

Deras passivitet och brist på omsorg hade helt försvunnit.

Ils étaient alertes et actifs, et désireux de bien faire leur travail.

De var alerta och aktiva, och ivriga att göra sitt arbete väl.

Ils s'irritaient violemment à tout ce qui pouvait provoquer un retard ou une confusion.

De blev våldsamt irriterade över allt som orsakade förseningar eller förvirring.

Le travail acharné sur les rênes était le centre de tout leur être.

Det hårda arbetet med tyglarna var centrum för hela deras väsen.

Tirer un traîneau semblait être la seule chose qu'ils appréciaient vraiment.

Att dra släde verkade vara det enda de verkligen tyckte om.

Dave était à l'arrière du groupe, le plus proche du traîneau lui-même.

Dave var längst bak i gruppen, närmast själva släden.

Buck a été placé devant Dave, et Solleks a dépassé Buck.

Buck placerades framför Dave, och Solleks drog före Buck.

Le reste des chiens était aligné devant eux en file indienne.

Resten av hundarna låg utsträckta framför dem i en enda rad.

La position de tête à l'avant était occupée par Spitz.

Ledarpositionen längst fram fylldes av Spitz.

Buck avait été placé entre Dave et Solleks pour l'instruction.

Buck hade placerats mellan Dave och Solleks för instruktion.

Il apprenait vite et ils étaient des professeurs fermes et compétents.

Han var en snabb lärare, och de var bestämda och skickliga lärare.

Ils n'ont jamais permis à Buck de rester longtemps dans l'erreur.

De lät aldrig Buck förbli i fel ställning länge.

Ils ont enseigné leurs leçons avec des dents acérées quand c'était nécessaire.

De undervisade sina lektioner med vassa tänder när det behövdes.

Dave était juste et faisait preuve d'une sagesse calme et sérieuse.

Dave var rättvis och visade en stillsam, allvarlig sorts visdom.

Il n'a jamais mordu Buck sans une bonne raison de le faire.

Han bet aldrig Buck utan en god anledning.

Mais il n'a jamais manqué de mordre lorsque Buck avait besoin d'être corrigé.

Men han underlät aldrig att bita när Buck behövde korrigeras.

Le fouet de François était toujours prêt et soutenait leur autorité.

François piska var alltid redo och backade upp deras auktoritet.

Buck a vite compris qu'il valait mieux obéir que riposter.

Buck insåg snart att det var bättre att lyda än att slå tillbaka.

Un jour, lors d'un court repos, Buck s'est emmêlé dans les rênes.

En gång, under en kort vila, trasslade sig Buck in i tyglarna.

Il a retardé le départ et a perturbé le mouvement de l'équipe.

Han försenade starten och störde lagets rörelser.

Dave et Solleks se sont jetés sur lui et lui ont donné une raclée.

Dave och Solleks flög mot honom och gav honom en hård smäll.

L'enchevêtrement n'a fait qu'empirer, mais Buck a bien appris sa leçon.

Trassel blev bara värre, men Buck lärde sig sin läxa väl.

Dès lors, il garda les rênes tendues et travailla avec soin.

Från och med då höll han tyglarna spända och arbetade noggrant.

Avant la fin de la journée, Buck avait maîtrisé une grande partie de sa tâche.

Innan dagen var slut hade Buck bemästrat mycket av sin uppgift.

Ses coéquipiers ont presque arrêté de le corriger ou de le mordre.

Hans lagkamrater slutade nästan att korrigera eller bita honom.

Le fouet de François claquait de moins en moins souvent dans l'air.

François piska smällde allt mer sällan genom luften.

Perrault a même soulevé les pieds de Buck et a soigneusement examiné chaque patte.

Perrault lyfte till och med Bucks fötter och undersökte noggrant varje tass.

Cela avait été une journée de course difficile, longue et épuisante pour eux tous.

Det hade varit en hård dags löpning, lång och utmattande för dem alla.

Ils remontèrent le Cañon, traversèrent Sheep Camp et passèrent devant les Scales.

De reste uppför Cañon, genom Sheep Camp och förbi Scales.

Ils ont traversé la limite des forêts, puis des glaciers et des congères de plusieurs mètres de profondeur.

De korsade skogsgränsen, sedan glaciärer och snödrivor som var många meter djupa.

Ils ont escaladé la grande et froide chaîne de montagnes Chilkoot Divide.

De klättrade uppför den stora kalla och avskräckande Chilkoot-klyftan.

Cette haute crête se dressait entre l'eau salée et l'intérieur gelé.

Den höga åsen stod mellan saltvatten och det frusna inlandet.

Les montagnes protégeaient le Nord triste et solitaire avec de la glace et des montées abruptes.

Bergen vaktade det sorgsna och ensamma Norden med is och branta klättringar.

Ils ont parcouru à bon rythme une longue chaîne de lacs en aval de la ligne de partage des eaux.

De tog sig god tid nerför en lång kedja av sjöar nedanför gränsklyftan.

Ces lacs remplissaient les anciens cratères de volcans éteints.

Dessa sjöar fyllde de forntida kratrarna av slocknade vulkaner.

Tard dans la nuit, ils atteignirent un grand camp au bord du lac Bennett.

Sent på natten nådde de ett stort läger vid Lake Bennett.

Des milliers de chercheurs d'or étaient là, construisant des bateaux pour le printemps.

Tusentals guldsökare var där och byggde båtar inför våren.

La glace allait bientôt se briser et ils devaient être prêts.

Isen skulle snart brytas upp, och de var tvungna att vara redo.

Buck creusa son trou dans la neige et tomba dans un profond sommeil.

Buck grävde sitt hål i snön och föll i en djup sömn.

Il dormait comme un ouvrier, épuisé par une dure journée de travail.

Han sov som en arbetare, utmattad efter den hårda dagens slit.

Mais trop tôt dans l'obscurité, il fut tiré de son sommeil.

Men för tidigt i mörkret drogs han ur sömnen.

Il fut à nouveau attelé avec ses compagnons et attaché au traîneau.

Han selades fast med sina kompisar igen och fästes vid släden.

Ce jour-là, ils ont parcouru quarante milles, car la neige était bien battue.

Den dagen tillryggalade de fyrtio mil, eftersom snön var väl upptrampad.

Le lendemain, et pendant plusieurs jours après, la neige était molle.

Nästa dag, och i många dagar efteråt, var snön mjuk.

Ils ont dû faire le chemin eux-mêmes, en travaillant plus dur et en avançant plus lentement.

De var tvungna att göra vägen själva, arbeta hårdare och röra sig långsammare.

Habituellement, Perrault marchait devant l'équipe avec des raquettes palmées.

Vanligtvis gick Perrault före laget med snöskor med simhud.

Ses pas ont compacté la neige, facilitant ainsi le déplacement du traîneau.

Hans steg packade snön, vilket gjorde det lättare för släden att röra sig.

François, qui dirigeait depuis le mât, prenait parfois le relais.

François, som styrde från gee-pole, tog ibland över.

Mais il était rare que François prenne les devants

Men det var sällsynt att François tog ledningen

parce que Perrault était pressé de livrer les lettres et les colis.

eftersom Perrault hade bråttom att leverera breven och paketen.

Perrault était fier de sa connaissance de la neige, et surtout de la glace.

Perrault var stolt över sin kunskap om snö, och särskilt is.

Cette connaissance était essentielle, car la glace d'automne était dangereusement mince.

Den kunskapen var avgörande, eftersom höstisen var farligt tunn.

Là où l'eau coulait rapidement sous la surface, il n'y avait pas du tout de glace.

Där vattnet flödade snabbt under ytan fanns det ingen is alls.

Jour après jour, la même routine se répétait sans fin.

Dag efter dag upprepades samma rutin utan slut.

Buck travaillait sans relâche sur les rênes, de l'aube jusqu'à la nuit.

Buck slet oavbrutet i tyglarna från gryning till natt.

Ils quittèrent le camp dans l'obscurité, bien avant le lever du soleil.

De lämnade lägret i mörkret, långt innan solen hade gått upp.

Au moment où le jour se leva, ils avaient déjà parcouru de nombreux kilomètres.

När det blev dagsljus hade de redan lagt många mil bakom sig.

Ils ont installé leur campement après la tombée de la nuit, mangeant du poisson et creusant dans la neige.

De slog läger efter mörkrets inbrott, åt fisk och grävde sig ner i snön.

Buck avait toujours faim et n'était jamais vraiment satisfait de sa ration.

Buck var alltid hungrig och aldrig riktigt nöjd med sin ranson.

Il recevait une livre et demie de saumon séché chaque jour.

Han fick ett och ett halvt pund torkad lax varje dag.

Mais la nourriture semblait disparaître en lui, laissant la faim derrière elle.

Men maten tycktes försvinna inuti honom och lämna hungern bakom sig.

Il souffrait constamment de la faim et rêvait de plus de nourriture.

Han led av ständig hunger och drömde om mer mat.

Les autres chiens n'ont pris qu'une livre, mais ils sont restés forts.

De andra hundarna fick bara ett halvt kilo mat, men de förblev starka.

Ils étaient plus petits et étaient nés dans le mode de vie du Nord.

De var mindre och hade fötts in i det nordliga livet.

Il perdit rapidement la méticulosité qui avait marqué son ancienne vie.

Han förlorade snabbt den noggrannhet som hade präglat hans gamla liv.

Il avait été un mangeur délicat, mais maintenant ce n'était plus possible.

Han hade varit en nättätare, men nu var det inte längre möjligt.

Ses camarades ont terminé premiers et lui ont volé sa ration inachevée.

Hans kompisar blev klara först och stjälde hans oavslutade ranson.

Une fois qu'ils ont commencé, il n'y avait aucun moyen de défendre sa nourriture contre eux.

När de väl hade börjat fanns det inget sätt att försvara hans mat från dem.

Pendant qu'il combattait deux ou trois chiens, les autres volaient le reste.

Medan han kämpade mot två eller tre hundar, stal de andra resten.

Pour résoudre ce problème, il a commencé à manger aussi vite que les autres.

För att åtgärda detta började han äta lika fort som de andra åt.

La faim le poussait tellement qu'il prenait même de la nourriture qui n'était pas la sienne.

Hungern pressade honom så hårt att han till och med åt mat som inte var hans egen.

Il observait les autres et apprenait rapidement de leurs actions.

Han iakttog de andra och lärde sig snabbt av deras
handlingar.

**Il a vu Pike, un nouveau chien, voler une tranche de bacon à
Perrault.**

Han såg Pike, en ny hund, stjäla en skiva bacon från Perrault.

**Pike avait attendu que Perrault ait le dos tourné pour voler
le bacon.**

Pike hade väntat tills Perrault hade vänt ryggen till för att
stjäla baconet.

Le lendemain, Buck a copié Pike et a volé tout le morceau.

Nästa dag kopierade Buck Pike och stal hela biten.

Un grand tumulte s'ensuivit, mais Buck ne fut pas suspecté.

Ett stort uppståndelse följde, men Buck misstänktes inte.

**Dub, un chien maladroit qui se faisait toujours prendre, a
été puni à la place.**

Dub, en klumpig hund som alltid blev tagen, straffades
istället.

**Ce premier vol a fait de Buck un chien apte à survivre dans
le Nord.**

Den första stölden markerade Buck som en hund lämpad att
överleva i norr.

**Il a montré qu'il pouvait s'adapter à de nouvelles conditions
et apprendre rapidement.**

Han visade att han kunde anpassa sig till nya förhållanden
och lära sig snabbt.

**Sans une telle adaptabilité, il serait mort rapidement et
gravement.**

Utan sådan anpassningsförmåga skulle han ha dött snabbt och
illa.

**Cela a également marqué l'effondrement de sa nature
morale et de ses valeurs passées.**

Det markerade också ett sammanbrott av hans moraliska
natur och tidigare värderingar.

**Dans le Southland, il avait vécu sous la loi de l'amour et de
la bonté.**

I Sydlandet hade han levt under kärlekens och vänlighetens
lag.

Là, il était logique de respecter la propriété et les sentiments des autres chiens.

Där var det vettigt att respektera egendom och andra hundars känslor.

Mais le Northland suivait la loi du gourdin et la loi du croc.

Men Northland följde klubblagen och huggtandslagarna.

Quiconque respectait les anciennes valeurs ici était stupide et échouerait.

Den som respekterade gamla värderingar här var dåraktig och skulle misslyckas.

Buck n'a pas réfléchi à tout cela dans son esprit.

Buck resonerade inte ut allt detta i sitt huvud.

Il était en forme et s'est donc adapté sans avoir besoin de réfléchir.

Han var i form, så han anpassade sig utan att behöva tänka.

De toute sa vie, il n'avait jamais fui un combat.

Hela sitt liv hade han aldrig rymt från ett bråk.

Mais la massue en bois de l'homme au pull rouge a changé cette règle.

Men mannen i den röda tröjans träklubba ändrade den regeln.

Il suivait désormais un code plus profond et plus ancien, inscrit dans son être.

Nu följde han en djupare, äldre kod inskriven i hans varelse.

Il ne volait pas par plaisir, mais par faim.

Han stal inte av njutning, utan av hungerns smärta.

Il n'a jamais volé ouvertement, mais il a volé avec ruse et prudence.

Han rånade aldrig öppet, utan stal med slughet och omsorg.

Il a agi par respect pour la massue en bois et par peur du croc.

Han agerade av respekt för träklubban och rädsla för huggtanden.

En bref, il a fait ce qui était plus facile et plus sûr que de ne pas le faire.

Kort sagt, han gjorde det som var enklare och säkrare än att inte göra det.

Son développement – ou peut-être son retour à ses anciens instincts – fut rapide.

Hans utveckling – eller kanske hans återgång till gamla instinkter – gick snabbt.

Ses muscles se durcirent jusqu'à devenir aussi forts que du fer.

Hans muskler hårdnade tills de kändes starka som järn.

Il ne se souciait plus de la douleur, à moins qu'elle ne soit grave.

Han brydde sig inte längre om smärta, såvida den inte var allvarlig.

Il est devenu efficace à l'intérieur comme à l'extérieur, ne gaspillant rien du tout.

Han blev effektiv både inifrån och ut, utan att slösa någonting alls.

Il pouvait manger des choses viles, pourries ou difficiles à digérer.

Han kunde äta saker som var vidriga, ruttna eller svårsmälta.

Quoi qu'il mange, son estomac utilisait jusqu'au dernier morceau de valeur.

Vad han än åt, förbrukade hans mage varenda gnutta av värde.

Son sang transportait les nutriments loin dans son corps puissant.

Hans blod bar näringsämnena långt genom hans kraftfulla kropp.

Cela a créé des tissus solides qui lui ont donné une endurance incroyable.

Detta byggde upp starka vävnader som gav honom otrolig uthållighet.

Sa vue et son odorat sont devenus beaucoup plus sensibles qu'avant.

Hans syn och lukt blev mycket känsligare än tidigare.

Son ouïe est devenue si fine qu'il pouvait détecter des sons faibles pendant son sommeil.

Hans hörsel blev så skarp att han kunde uppfatta svaga ljud i sömnen.

Il savait dans ses rêves si les sons signifiaient sécurité ou danger.

Han visste i sina drömmar om ljuden betydde säkerhet eller fara.

Il a appris à mordre la glace entre ses orteils avec ses dents.

Han lärde sig att bita i isen mellan tårna med tänderna.

Si un point d'eau gelait, il brisait la glace avec ses jambes.

Om ett vattenhål frös till, brukade han bryta isen med benen.

Il se cabra et frappa violemment la glace avec ses membres antérieurs raides.

Han reste sig upp och slog hårt i isen med stela framben.

Sa capacité la plus frappante était de prédire les changements de vent pendant la nuit.

Hans mest slående förmåga var att förutsäga vindförändringar över natten.

Même lorsque l'air était calme, il choisissait des endroits abrités du vent.

Även när luften var stilla valde han platser skyddade från vinden.

Partout où il creusait son nid, le vent du lendemain le passait à côté de lui.

Var han än grävde sitt bo, blåste nästa dags vind förbi honom.

Il finissait toujours par se blottir et se protéger, sous le vent.

Han låg alltid bekvämt och skyddad, i lä från vinden.

Buck n'a pas seulement appris par l'expérience : son instinct est également revenu.

Buck lärde sig inte bara av erfarenhet – hans instinkter återvände också.

Les habitudes des générations domestiquées ont commencé à disparaître.

Vanorna från domesticerade generationer började falla bort.

De manière vague, il se souvenait des temps anciens de sa race.

På vaga sätt mindes han sin släkts forntida tider.

Il repensa à l'époque où les chiens sauvages couraient en meute dans les forêts.

Han tänkte tillbaka på när vilda hundar sprang i flock genom skogar.
Ils avaient poursuivi et tué leur proie en la poursuivant.
De hade jagat och dödat sitt byte medan de sprang ner det.
Il était facile pour Buck d'apprendre à se battre avec force et rapidité.
Det var lätt för Buck att lära sig att slåss med tand och fart.
Il utilisait des coupures, des entailles et des coups rapides, tout comme ses ancêtres.
Han använde snitt, snedstreck och snabba snäpp precis som sina förfäder.
Ces ancêtres se sont réveillés en lui et ont réveillé sa nature sauvage.
Dessa förfäder rörde sig inom honom och väckte hans vilda natur.
Leurs anciennes compétences lui avaient été transmises par le sang.
Deras gamla färdigheter hade ärvts till honom genom blodslinjen.
Leurs tours étaient désormais à lui, sans besoin de pratique ni d'effort.
Deras trick var nu hans, utan behov av övning eller ansträngning.

Lors des nuits calmes et froides, Buck levait le nez et hurlait.
På stilla, kalla nätter lyfte Buck på nosen och ylade.
Il hurla longuement et profondément, comme le faisaient les loups autrefois.
Han ylade länge och djupt, som vargar hade gjort för länge sedan.
À travers lui, ses ancêtres morts pointaient leur nez et hurlaient.
Genom honom pekade hans döda förfäder på näsan och ylade.
Ils ont hurlé à travers les siècles avec sa voix et sa forme.
De ylade ner genom århundradena i hans röst och skepnad.
Ses cadences étaient les leurs, de vieux cris qui parlaient de chagrin et de froid.

Hans kadenser var deras, gamla rop som berättade om sorg
och kyla.

Ils chantaient l'obscurité, la faim et le sens de l'hiver.

De sjöng om mörker, om hunger och vinterns innebörd.

**Buck a prouvé que la vie est façonnée par des forces qui
nous dépassent.**

Buck bevisade hur livet formas av krafter bortom en själv,

**L'ancienne chanson s'éleva à travers Buck et s'empara de son
âme.**

den uråldriga sången steg genom Buck och grep tag i hans
själ.

**Il s'est retrouvé parce que les hommes avaient trouvé de l'or
dans le Nord.**

Han fann sig själv eftersom män hade hittat guld i norr.

**Et il s'est retrouvé parce que Manuel, l'aide du jardinier,
avait besoin d'argent.**

Och han fann sig själv eftersom Manuel, trädgårdsmästarens
medhjälpare, behövde pengar.

La Bête Primordiale Dominante
Det dominerande urdjuret

La bête primordiale dominante était aussi forte que jamais en Buck.

Det dominerande urdjuret var lika starkt som alltid i Buck.

Mais la bête primordiale dominante sommeillait en lui.

Men det dominerande urdjuret hade legat vilande inom honom.

La vie sur le sentier était dure, mais elle renforçait la bête qui sommeillait en Buck.

Livet på stigen var hårt, men det stärkte odjuret inom Buck.

Secrètement, la bête devenait de plus en plus forte chaque jour.

I hemlighet blev odjuret starkare och starkare för varje dag.

Mais cette croissance intérieure est restée cachée au monde extérieur.

Men den inre tillväxten förblev dold för omvärlden.

Une force primordiale, calme et tranquille, se construisait à l'intérieur de Buck.

En tyst och lugn urkraft byggdes upp inom Buck.

Une nouvelle ruse a donné à Buck l'équilibre, le calme, le contrôle et l'équilibre.

Ny slughet gav Buck balans, lugn och kontroll och fattning.

Buck s'est concentré sur son adaptation, sans jamais se sentir complètement détendu.

Buck fokuserade hårt på att anpassa sig och kände sig aldrig helt avslappnad.

Il évitait les conflits, ne déclenchait jamais de bagarres et ne cherchait jamais les ennuis.

Han undvek konflikter, startade aldrig bråk eller sökte bråk.

Une réflexion lente et constante façonnait chaque mouvement de Buck.

En långsam, stadig eftertänksamhet formade Bucks varje rörelse.

Il évitait les choix irréfléchis et les décisions soudaines et imprudentes.

Han undvek förhastade val och plötsliga, vårdslösa beslut.

Bien que Buck détestait profondément Spitz, il ne lui montrait aucune agressivité.

Även om Buck hatade Spitz djupt, visade han honom ingen aggression.

Buck n'a jamais provoqué Spitz et a gardé ses actions contenues.

Buck provocerade aldrig Spitz och höll sina handlingar återhållsamma.

Spitz, de son côté, sentait le danger grandissant chez Buck.

Spitz, å andra sidan, anade den växande faran hos Buck.

Il considérait Buck comme une menace et un sérieux défi à son pouvoir.

Han såg Buck som ett hot och en allvarlig utmaning mot sin makt.

Il profitait de chaque occasion pour grogner et montrer ses dents acérées.

Han använde varje tillfälle att morra och visa sina vassa tänder.

Il essayait de déclencher le combat mortel qui devait avoir lieu.

Han försökte starta den dödliga strid som måste komma.

Au début du voyage, une bagarre a failli éclater entre eux.

Tidigt under resan höll det på att utbryta ett bråk mellan dem.

Mais un accident inattendu a empêché le combat d'avoir lieu.

Men en oväntad olycka stoppade bråket.

Ce soir-là, ils installèrent leur campement sur le lac Le Barge, extrêmement froid.

Den kvällen slog de läger vid den bitande kalla sjön Le Barge.

La neige tombait fort et le vent soufflait comme un couteau.

Snön föll hårt och vinden skar som en kniv.

La nuit était venue trop vite et l'obscurité les entourait.

Natten kom alltför fort, och mörkret omgav dem.

Ils n'auraient pas pu choisir un pire endroit pour se reposer.

De kunde knappast ha valt en sämre plats för vila.

Les chiens cherchaient désespérément un endroit où se coucher.

Hundarna letade desperat efter en plats att ligga ner på.

Un haut mur de roche s'élevait abruptement derrière le petit groupe.

En hög klippvägg reste sig brant bakom den lilla gruppen.

La tente avait été laissée à Dyea pour alléger la charge.

Tältet hade lämnats kvar i Dyea för att lätta bördan.

Ils n'avaient pas d'autre choix que d'allumer le feu sur la glace elle-même.

De hade inget annat val än att göra upp elden på själva isen.

Ils étendent leurs robes de nuit directement sur le lac gelé.

De bredde ut sina sovkläder direkt på den frusna sjön.

Quelques bâtons de bois flotté leur ont donné un peu de feu.

Några drivvedskivlingar gav dem lite eld.

Mais le feu s'est allumé sur la glace et a fondu à travers elle.

Men elden byggdes upp på isen och tinade upp genom den.

Finalement, ils mangeaient leur dîner dans l'obscurité.

Till slut åt de sin kvällsmat i mörkret.

Buck s'est recroquevillé près du rocher, à l'abri du vent froid.

Buck kröp ihop sig bredvid stenen, skyddad från den kalla vinden.

L'endroit était si chaud et sûr que Buck détestait déménager.

Platsen var så varm och trygg att Buck hatade att flytta därifrån.

Mais François avait réchauffé le poisson et distribuait les rations.

Men François hade värmt fisken och delade ut ransoner.

Buck finit de manger rapidement et retourna dans son lit.

Buck åt snabbt färdigt och återvände till sin säng.

Mais Spitz était maintenant allongé là où Buck avait fait son lit.

Men Spitz låg nu där Buck hade bäddat sin säng.

Un grognement sourd avertit Buck que Spitz refusait de bouger.

Ett lågt morrande varnade Buck för att Spitz vägrade röra sig.

Jusqu'à présent, Buck avait évité ce combat avec Spitz.

Fram till nu hade Buck undvikit denna strid med Spitz.

Mais au plus profond de Buck, la bête s'est finalement libérée.

Men djupt inne i Buck bröt odjuret slutligen lös.

Le vol de son lieu de couchage était trop difficile à tolérer.

Stölden av hans sovplats var för mycket att tolerera.

Buck se lança sur Spitz, plein de colère et de rage.

Buck kastade sig mot Spitz, full av ilska och raseri.

Jusqu'à présent, Spitz pensait que Buck n'était qu'un gros chien.

Fram tills nu hade Spitz trott att Buck bara var en stor hund.

Il ne pensait pas que Buck avait survécu grâce à son esprit.

Han trodde inte att Buck hade överlevt genom sin ande.

Il s'attendait à la peur et à la lâcheté, pas à la fureur et à la vengeance.

Han förväntade sig rädsla och feghet, inte raseri och hämnd.

François regarda les deux chiens sortir du nid en ruine.

François stirrade medan båda hundarna bröt ut ur det förstörda boet.

Il comprit immédiatement ce qui avait déclenché cette lutte sauvage.

Han förstod genast vad som hade startat den vilda kampen.

« Aa-ah ! » s'écria François en soutien au chien brun.

"Aa-ah!" ropade François till stöd för den bruna hunden.

« Frappez-le ! Par Dieu, punissez ce voleur sournois ! »

"Ge honom stryk! Vid Gud, straffa den där lömska tjuven!"

Spitz a montré une volonté égale et une impatience folle de se battre.

Spitz visade lika stor beredskap som vild iver att slåss.

Il cria de rage tout en tournant rapidement en rond, cherchant une ouverture.

Han skrek ut i raseri medan han cirklade snabbt och sökte en öppning.

Buck a montré la même soif de combat et la même prudence.

Buck visade samma kampvilja och samma försiktighet.

Il a également encerclé son adversaire, essayant de prendre le dessus dans la bataille.

Han cirkulerade också runt sin motståndare och försökte få
övertaget i striden.

**Puis quelque chose d'inattendu s'est produit et a tout
changé.**

Sedan hände något oväntat och förändrade allt.

Ce moment a retardé l'éventuelle lutte pour le leadership.

Det ögonblicket försenade den slutliga kampen om
ledarskapet.

**De nombreux kilomètres de piste et de lutte attendaient
encore avant la fin.**

Många mil av vandring och kamp väntade fortfarande innan
slutet.

Perrault cria un juron tandis qu'une massue frappait un os.

Perrault ropade en ed medan en klubba slog mot ett ben.

**Un cri aigu de douleur suivit, puis le chaos explosa tout
autour.**

Ett skarpt smärtskrik följde, sedan exploderade kaos runt
omkring.

**Des formes sombres se déplaçaient dans le camp ; des
huskies sauvages, affamés et féroces.**

Mörka skepnader rörde sig i lägret; vilda huskyr, utsvultna
och vildsinta.

**Quatre ou cinq douzaines de huskies avaient reniflé le camp
de loin.**

Fyra eller fem dussin huskyhundar hade nosat på lägret på
avstånd.

**Ils s'étaient glissés discrètement pendant que les deux
chiens se battaient à proximité.**

De hade smugit sig in tyst medan de två hundarna slogs i
närheten.

**François et Perrault chargèrent en brandissant des massues
sur les envahisseurs.**

François och Perrault anföll och svingade klubbor mot
inkräktarna.

**Les huskies affamés ont montré les dents et ont riposté avec
frénésie.**

De svältande huskydjuren visade tänder och kämpade tillbaka i frenesi.

L'odeur de la viande et du pain les avait chassés de toute peur.

Lukten av kött och bröd hade drivit dem över all rädsla.

Perrault battait un chien qui avait enfoui sa tête dans la boîte à nourriture.

Perrault slog en hund som hade begravt sitt huvud i matlådan.

Le coup a été violent et la boîte s'est retournée, la nourriture s'est répandue.

Slaget träffade hårt, lådan välte och mat rann ut.

En quelques secondes, une vingtaine de bêtes sauvages déchirèrent le pain et la viande.

På några sekunder slet ett tjugotal vilda djur sig in i brödet och köttet.

Les gourdin masculins ont porté coup sur coup, mais aucun chien ne s'est détourné.

Herrklubbarna landade slag efter slag, men ingen hund vände sig bort.

Ils hurlaient de douleur, mais se battaient jusqu'à ce qu'il ne reste plus de nourriture.

De ylade av smärta, men kämpade tills ingen mat fanns kvar.

Pendant ce temps, les chiens de traîneau avaient sauté de leurs lits enneigés.

Under tiden hade slädhundarna hoppat ur sina snötäckta sängar.

Ils ont été immédiatement attaqués par les huskies vicieux et affamés.

De blev omedelbart attackerade av de grymma hungriga huskiesna.

Buck n'avait jamais vu de créatures aussi sauvages et affamées auparavant.

Buck hade aldrig sett så vilda och svältande varelser förut.

Leur peau pendait librement, cachant à peine leur squelette.

Deras hud hängde löst och dolde knappt deras skelett.

Il y avait un feu dans leurs yeux, de faim et de folie

Det brann en eld i deras ögon, av hunger och galenskap

Il n'y avait aucun moyen de les arrêter, aucune résistance à leur ruée sauvage.

Det fanns inget att stoppa dem; inget kunde göra motstånd mot deras vilda anstormning.

Les chiens de traîneau furent repoussés, pressés contre la paroi de la falaise.

Slädhundarna knuffades tillbaka, pressade mot klippväggen.

Trois huskies ont attaqué Buck en même temps, déchirant sa chair.

Tre huskyr attackerade Buck samtidigt och slet sönder hans kött.

Du sang coulait de sa tête et de ses épaules, là où il avait été coupé.

Blod strömmade från hans huvud och axlar, där han hade blivit skärrad.

Le bruit remplissait le camp : grognements, cris et cris de douleur.

Oljudet fyllde lägret; morrande, skrik och smärtskrik.

Billee pleurait fort, comme d'habitude, prise dans la mêlée et la panique.

Billee grät högt, som vanligt, fångad i striden och paniken.

Dave et Solleks se tenaient côte à côte, saignant mais provocants.

Dave och Solleks stod sida vid sida, blödande men trotsiga.

Joe s'est battu comme un démon, mordant tout ce qui s'approchait.

Joe kämpade som en demon och bet allt som kom i närheten.

Il a écrasé la jambe d'un husky d'un claquement brutal de ses mâchoires.

Han krossade en huskys ben med ett brutalt knäpp med käftarna.

Pike a sauté sur le husky blessé et lui a brisé le cou instantanément.

Gäddan hoppade upp på den sårade huskyn och bröt nacken direkt.

Buck a attrapé un husky par la gorge et lui a déchiré la veine.

Buck tog tag i halser på en husky och slet igenom venen.

Le sang gicla et le goût chaud poussa Buck dans une frénésie.

Blod sprutade, och den varma smaken gjorde Buck rasande.

Il s'est jeté sur un autre agresseur sans hésitation.

Han kastade sig utan att tveka över en annan angripare.

Au même moment, des dents acérées s'enfoncèrent dans la gorge de Buck.

I samma ögonblick borrade sig vassa tänder in i Bucks egen hals.

Spitz avait frappé de côté, attaquant sans avertissement.

Spitz hade slagit till från sidan och attackerat utan förvarning.

Perrault et François avaient vaincu les chiens en volant la nourriture.

Perrault och François hade besegrat hundarna som stal maten.

Ils se sont alors précipités pour aider leurs chiens à repousser les attaquants.

Nu skyndade de sig för att hjälpa sina hundar att slå tillbaka angriparna.

Les chiens affamés se retirèrent tandis que les hommes brandissaient leurs gourdins.

De svältande hundarna drog sig tillbaka medan männen svingade sina klubbor.

Buck s'est libéré de l'attaque, mais l'évasion a été brève.

Buck slet sig loss från attacken, men flykten blev kort.

Les hommes ont couru pour sauver leurs chiens, et les huskies ont de nouveau afflué.

Männen sprang för att rädda sina hundar, och huskyhundarna svärmade igen.

Billee, effrayé et courageux, sauta dans la meute de chiens.

Billee, skrämd till mod, hoppade in i hundflocken.

Mais il s'est alors enfui sur la glace, saisi de terreur et de panique.

Men sedan flydde han över isen, i rå skräck och panik.

Pike et Dub suivaient de près, courant pour sauver leur vie.

Pike och Dub följde tätt efter och flydde för sina liv.

Le reste de l'équipe s'est séparé et dispersé, les suivant.

Resten av laget splittrades och följde efter dem.

Buck rassembla ses forces pour courir, mais vit alors un éclair.

Buck samlade krafter för att springa, men såg sedan en blixt.

Spitz s'est jeté sur le côté de Buck, essayant de le faire tomber au sol.

Spitz kastade sig mot Bucks sida och försökte slå ner honom på marken.

Sous cette foule de huskies, Buck n'aurait eu aucune échappatoire.

Under den där mobben av huskydjur skulle Buck inte ha haft någon flyktväg.

Mais Buck est resté ferme et s'est préparé au coup de Spitz.

Men Buck stod fast och förberedde sig på slaget från Spitz.

Puis il s'est retourné et a couru sur la glace avec l'équipe en fuite.

Sedan vände han sig om och sprang ut på isen med det flyende teamet.

Plus tard, les neuf chiens de traîneau se sont rassemblés à l'abri des bois.

Senare samlades de nio slädhundarna i lä av skogen.

Personne ne les poursuivait plus, mais ils étaient battus et blessés.

Ingen jagade dem längre, men de blev misshandlade och sårade.

Chaque chien avait des blessures ; quatre ou cinq coupures profondes sur chaque corps.

Varje hund hade sår; fyra eller fem djupa skärsår på varje kropp.

Dub avait une patte arrière blessée et avait du mal à marcher maintenant.

Dub hade ett skadat bakben och hade svårt att gå nu.

Dolly, le nouveau chien de Dyea, avait la gorge tranchée.

Dolly, den nyaste hunden från Dyea, hade en avskuren hals.

Joe avait perdu un œil et l'oreille de Billee était coupée en morceaux

Joe hade förlorat ett öga, och Billees öra var skuret i bitar.

Tous les chiens ont crié de douleur et de défaite toute la nuit.

Alla hundarna grät av smärta och nederlag genom natten.

À l'aube, ils retournèrent au camp, endoloris et brisés.

I gryningen smög de tillbaka till lägret, ömma och trasiga.

Les huskies avaient disparu, mais le mal était fait.

Huskiesna hade försvunnit, men skadan var skedd.

Perrault et François étaient de mauvaise humeur à cause de la ruine.

Perrault och François stodo på dåligt humör över ruinen.

La moitié de la nourriture avait disparu, volée par les voleurs affamés.

Hälften av maten var borta, ryckt av de hungriga tjuvarna.

Les huskies avaient déchiré les fixations et la toile du traîneau.

Huskiesna hade slitit sig igenom pulkabindningar och presenningsduk.

Tout ce qui avait une odeur de nourriture avait été complètement dévoré.

Allt som luktade mat hade slukats fullständigt.

Ils ont mangé une paire de bottes de voyage en peau d'élan de Perrault.

De åt ett par av Perraults resstövlar av älgskinn.

Ils ont mâché des reis en cuir et ruiné des sangles au point de les rendre inutilisables.

De tuggade på läderreiar och förstörde remmar som inte kunde användas.

François cessa de fixer le fouet déchiré pour vérifier les chiens.

François slutade stirra på den avslitna piskfransen för att kontrollera hundarna.

« Ah, mes amis », dit-il d'une voix basse et pleine d'inquiétude.

"Åh, mina vänner", sa han med låg röst och fylld av oro.

« Peut-être que toutes ces morsures vous transformeront en bêtes folles. »

"Kanske alla dessa bett förvandlar er till galna bestar."

« Peut-être que ce sont tous des chiens enragés, sacredam ! Qu'en penses-tu, Perrault ? »

"Kanske alla galna hundar, min helige! Vad tycker du, Perrault?"

Perrault secoua la tête, les yeux sombres d'inquiétude et de peur.

Perrault skakade på huvudet, ögonen mörka av oro och rädsla.

Il y avait encore quatre cents milles entre eux et Dawson.

Fyra hundra mil låg fortfarande mellan dem och Dawson.

La folie canine pourrait désormais détruire toute chance de survie.

Hundgalenskap kan nu förstöra alla chanser till överlevnad.

Ils ont passé deux heures à jurer et à essayer de réparer le matériel.

De tillbringade två timmar med att svora och försöka laga utrustningen.

L'équipe blessée a finalement quitté le camp, brisée et vaincue.

Det sårade laget lämnade slutligen lägret, brutet och besegrat.

C'était le sentier le plus difficile jusqu'à présent, et chaque pas était douloureux.

Detta var den svåraste leden hittills, och varje steg var smärtsamt.

La rivière Thirty Mile n'était pas gelée et coulait à flots.

Thirty Mile-floden hade inte frusit och forsade vilt.

Ce n'est que dans les endroits calmes et les tourbillons que la glace parvenait à tenir.

Endast på lugna platser och virvlande virvlar lyckades isen hålla sig fast.

Six jours de dur labeur se sont écoulés jusqu'à ce que les trente milles soient parcourus.

Sex dagar av hårt arbete förflöt innan de trettio milen var avklarade.

Chaque kilomètre parcouru sur le sentier apportait du danger et une menace de mort.

Varje kilometer av leden medförde fara och hot om död.

Les hommes et les chiens risquaient leur vie à chaque pas douloureux.

Männen och hundarna riskerade sina liv med varje smärtsamt steg.

Perrault a franchi des ponts de glace minces à une douzaine de reprises.

Perrault bröt igenom tunna isbroar ett dussin olika gånger.

Il portait une perche et la laissait tomber sur le trou que son corps avait fait.

Han bar en stång och lät den falla tvärs över hålet hans kropp gjorde.

Plus d'une fois, ce poteau a sauvé Perrault de la noyade.

Mer än en gång räddade den där stången Perrault från att drunkna.

La vague de froid persistait, l'air était à cinquante degrés en dessous de zéro.

Köldknäppen höll i sig, luften var femtio minusgrader.

Chaque fois qu'il tombait, Perrault devait allumer un feu pour survivre.

Varje gång han ramlade i var Perrault tvungen att tända en eld för att överleva.

Les vêtements mouillés gelaient rapidement, alors il les séchait près d'une source de chaleur intense.

Våta kläder frös snabbt, så han torkade dem nära brännande hetta.

Aucune peur n'a jamais touché Perrault, et cela a fait de lui un courrier.

Perrault kände aldrig någon fruktan, och det gjorde honom till kurir.

Il a été choisi pour le danger, et il l'a affronté avec une résolution tranquille.

Han valdes för faran, och han mötte den med stillsam beslutsamhet.

Il s'avança face au vent, son visage ratatiné et gelé.

Han pressade sig fram mot vinden, hans skrumpna ansikte frostbitet.

De l'aube naissante à la tombée de la nuit, Perrault les mena en avant.

Från svag gryning till skymning ledde Perrault dem framåt.

Il marchait sur une étroite bordure de glace qui se fissurait à chaque pas.

Han gick på smal iskant som sprack för varje steg.

Ils n'osaient pas s'arrêter : chaque pause risquait de provoquer un effondrement mortel.

De vågade inte stanna – varje paus riskerade en dödlig kollaps.

Un jour, le traîneau s'est brisé, entraînant Dave et Buck à l'intérieur.

En gång bröt släden igenom och drog in Dave och Buck.

Au moment où ils ont été libérés, tous deux étaient presque gelés.

När de släpades fria var båda nästan frusna.

Les hommes ont rapidement allumé un feu pour garder Buck et Dave en vie.

Männen gjorde snabbt upp en eld för att hålla Buck och Dave vid liv.

Les chiens étaient recouverts de glace du nez à la queue, raides comme du bois sculpté.

Hundarna var täckta av is från nos till svans, styva som snidat trä.

Les hommes les faisaient courir en rond près du feu pour décongeler leurs corps.

Männen sprang dem i cirklar nära elden för att tina upp deras kroppar.

Ils se sont approchés si près des flammes que leur fourrure a été brûlée.

De kom så nära lågorna att deras päls brändes.

Spitz a ensuite brisé la glace, entraînant l'équipe derrière lui.

Spitz bröt sig sedan igenom isen och släpade in spannet efter sig.

La cassure s'est étendue jusqu'à l'endroit où Buck tirait.

Brotten nådde hela vägen upp till där Buck drog.

Buck se pencha en arrière, ses pattes glissant et tremblant sur le bord.

Buck lutade sig hårt bakåt, tassarna halkade och darrade på kanten.

Dave a également tendu vers l'arrière, juste derrière Buck sur la ligne.

Dave spände sig också bakåt, precis bakom Buck på linjen.

François tirait sur le traîneau, ses muscles craquant sous l'effort.

François släpade på släden, hans muskler sprack av ansträngning.

Une autre fois, la glace du bord s'est fissurée devant et derrière le traîneau.

En annan gång sprack isen på kanten framför och bakom släden.

Ils n'avaient d'autre issue que d'escalader une paroi rocheuse gelée.

De hade ingen utväg förutom att klättra uppför en frusen klippvägg.

Perrault a réussi à escalader le mur, mais un miracle l'a maintenu en vie.

Perrault klättrade på något sätt uppför väggen; ett mirakel höll honom vid liv.

François resta en bas, priant pour avoir le même genre de chance.

François stannade kvar nedanför och bad om samma slags tur.

Ils ont attaché chaque sangle, chaque amarrage et chaque traçage en une seule longue corde.

De knöt ihop varje rem, surrning och skena till ett enda långt rep.

Les hommes ont hissé chaque chien, un par un, jusqu'au sommet.

Männen släpade upp varje hund, en i taget, till toppen.

François est monté en dernier, après le traîneau et toute la charge.

François klättrade sist, efter släden och hela lasten.

Commença alors une longue recherche d'un chemin pour descendre des falaises.

Sedan började ett långt sökande efter en stig ner från klipporna.

Ils sont finalement descendus en utilisant la même corde qu'ils avaient fabriquée.

Till slut kom de ner med samma rep som de hade gjort.

La nuit tombait alors qu'ils retournaient au lit de la rivière, épuisés et endoloris.

Natten föll när de återvände till flodbädden, utmattade och ömma.

La journée entière ne leur avait permis de gagner qu'un quart de mile.

De hade tagit en hel dag på sig att bara tillryggalägga en kvarts mil.

Au moment où ils atteignirent le Hootalinqua, Buck était épuisé.

När de nådde Hootalinqua var Buck utmattad.

Les autres chiens ont tout autant souffert des conditions du sentier.

De andra hundarna led lika illa av förhållandena på stigen.

Mais Perrault avait besoin de récupérer du temps et les poussait chaque jour.

Men Perrault behövde återhämta sig tid och pressade dem på varje dag.

Le premier jour, ils ont parcouru trente miles jusqu'à Big Salmon.

Den första dagen reste de trettio mil till Big Salmon.

Le lendemain, ils parcoururent trente-cinq milles jusqu'à Little Salmon.

Nästa dag reste de trettiofem mil till Little Salmon.

Le troisième jour, ils ont parcouru quarante longs kilomètres gelés.

På tredje dagen färdades de igenom fyrtio långa frusna mil.

À ce moment-là, ils approchaient de la colonie de Five Fingers.

Vid det laget närmade de sig bosättningen Five Fingers.

Les pieds de Buck étaient plus doux que les pieds durs des huskies indigènes.

Bucks fötter var mjukare än de hårda fötterna hos inhemska huskies.

Ses pattes étaient devenues plus fragiles au fil des générations civilisées.

Hans tassar hade blivit möra under många civiliserade generationer.

Il y a longtemps, ses ancêtres avaient été apprivoisés par des hommes de la rivière ou des chasseurs.

För länge sedan hade hans förfäder tämjts av flodmän eller jägare.

Chaque jour, Buck boitait de douleur, marchant sur des pattes à vif et douloureuses.

Varje dag haltade Buck av smärta och gick på råa, värkande tassar.

Au camp, Buck tomba comme une forme sans vie sur la neige.

I lägret föll Buck ner som en livlös skepnad på snön.

Bien qu'affamé, Buck ne s'est pas levé pour manger son repas du soir.

Fastän Buck var utsvulten, steg han inte upp för att äta sitt kvällsmål.

François apporta sa ration à Buck, en déposant du poisson près de son museau.

François gav Buck sin ranson och lade fisk vid nosen.

Chaque nuit, le chauffeur frottait les pieds de Buck pendant une demi-heure.

Varje kväll gnuggade kusken Bucks fötter i en halvtimme.

François a même découpé ses propres mocassins pour en faire des chaussures pour chiens.

François skar till och med upp sina egna mockasiner för att göra hundskor.

Quatre chaussures chaudes ont apporté à Buck un grand et bienvenu soulagement.

Fyra varma skor gav Buck en stor och välkommen lättnad.

Un matin, François oublia ses chaussures et Buck refusa de se lever.

En morgon glömde François skorna, och Buck vägrade att resa sig.

Buck était allongé sur le dos, les pieds en l'air, les agitant pitoyablement.

Buck låg på rygg med fötterna i vädret och viftade ynkligt med dem.

Même Perrault sourit à la vue de l'appel dramatique de Buck.

Till och med Perrault flinade vid åsynen av Bucks dramatiska vädjan.

Bientôt, les pieds de Buck devinrent durs et les chaussures purent être jetées.

Snart blev Bucks fötter hårda, och skorna kunde slängas.

À Pelly, pendant le temps du harnais, Dolly laissait échapper un hurlement épouvantable.

Vid Pelly, under seletiden, gav Dolly ifrån sig ett fruktansvärt ylande.

Le cri était long et rempli de folie, secouant chaque chien.

Ropet var långt och fyllt av galenskap och skakade varje hund.

Chaque chien se hérissait de peur sans en connaître la raison.

Varje hund rystede av rädsla utan att veta orsaken.

Dolly était devenue folle et s'était jetée directement sur Buck.

Dolly hade blivit galen och kastat sig rakt på Buck.

Buck n'avait jamais vu la folie, mais l'horreur remplissait son cœur.

Buck hade aldrig sett galenskap, men fasa fyllde hans hjärta.

Sans réfléchir, il se retourna et s'enfuit, complètement paniqué.

Utan att tänka på det vände han sig om och flydde i ren panik.

Dolly le poursuivit, les yeux fous, la salive s'échappant de ses mâchoires.

Dolly jagade honom, hennes blick var vilda, och saliv flög från hennes käkar.

Elle est restée juste derrière Buck, sans jamais gagner ni reculer.

Hon höll sig tätt bakom Buck, utan att komma ikapp och utan att backa.

Buck courut à travers les bois, le long de l'île, sur de la glace déchiquetée.

Buck sprang genom skogen, nerför ön, över ojämn is.

Il traversa vers une île, puis une autre, revenant vers la rivière.

Han gick över till en ö, sedan en annan, och gick sedan tillbaka till floden.

Dolly le poursuivait toujours, son grognement le suivant de près à chaque pas.

Dolly jagade honom fortfarande, morrande tätt bakom vid varje steg.

Buck pouvait entendre son souffle et sa rage, même s'il n'osait pas regarder en arrière.

Buck kunde höra hennes andetag och raseri, fast han vågade inte se sig om.

François cria de loin, et Buck se tourna vers la voix.

ropade François på avstånd, och Buck vände sig mot rösten.

Encore à bout de souffle, Buck courut, plaçant tout espoir en François.

Fortfarande kippande efter luft sprang Buck förbi och satte allt hopp till François.

Le conducteur du chien leva une hache et attendit que Buck passe à toute vitesse.

Hundföraren höjde en yxa och väntade medan Buck flög förbi.

La hache s'abattit rapidement et frappa la tête de Dolly avec une force mortelle.

Yxan föll ner snabbt och träffade Dollys huvud med dödlig kraft.

Buck s'est effondré près du traîneau, essoufflé et incapable de bouger.

Buck kollapsade nära släden, väsande andning och oförmögen att röra sig.

Ce moment a donné à Spitz l'occasion de frapper un ennemi épuisé.

Det ögonblicket gav Spitz hans chans att slå till mot en utmattad motståndare.

Il a mordu Buck à deux reprises, déchirant la chair jusqu'à l'os blanc.

Två gånger bet han Buck och slet ända ner till det vita benet.

Le fouet de François claqua, frappant Spitz avec toute sa force et sa fureur.

François piska knäcktes och träffade Spitz med full, rasande kraft.

Buck regarda avec joie Spitz recevoir sa raclée la plus dure jusqu'à présent.

Buck såg med glädje på när Spitz fick sin hårdaste stryk hittills.

« C'est un diable, ce Spitz », murmura sombrement Perrault pour lui-même.

"Han är en djävul, den där Spitzen", mumlade Perrault dystert för sig själv.

« Un jour prochain, ce maudit chien tuera Buck, je le jure. »

"Snart kommer den där förbannade hunden att döda Buck – jag lovar."

« Ce Buck a deux démons en lui », répondit François en hochant la tête.

"Den där Buck har två djävlar i sig", svarade François med en nick.

« Quand je regarde Buck, je sais que quelque chose de féroce l'attend. »

"När jag ser Buck vet jag att något vildsint väntar inom honom."

« Un jour, il deviendra fou comme le feu et mettra Spitz en pièces. »

"En dag blir han galen som eld och sliter Spitz i bitar."

« Il va mâcher ce chien et le recracher sur la neige gelée. »

"Han kommer att tugga sönder hunden och spotta honom på den frusna snön."

« Bien sûr que non, je le sais au plus profond de moi. »

"Javisst, det här vet jag innerst inne."

À partir de ce moment-là, les deux chiens étaient engagés dans une guerre.

Från det ögonblicket och framåt var de två hundarna instängda i krig.

Spitz a dirigé l'équipe et a conservé le pouvoir, mais Buck a contesté cela.

Spitz ledde laget och hade makten, men Buck ifrågasatte det.

Spitz a vu son rang menacé par cet étrange étranger du Sud.

Spitz såg sin rang hotad av denne märklige främling från Sydlandet.

Buck ne ressemblait à aucun autre chien du sud que Spitz avait connu auparavant.

Buck var olik alla andra sydstatshundar som Spitz hade känt till tidigare.

La plupart d'entre eux ont échoué, trop faibles pour survivre au froid et à la faim.

De flesta av dem misslyckades – för svaga för att överleva kyla och hunger.

Ils sont morts rapidement à cause du travail, du gel et de la lenteur de la famine

De dog snabbt under arbete, frost och hungersnödens långsamma brinnande.

Buck se démarquait : plus fort, plus intelligent et plus sauvage chaque jour.

Buck stack ut – starkare, smartare och vildare för varje dag.

Il a prospéré dans les difficultés, grandissant jusqu'à égaler les huskies du Nord.

Han trivdes i svårigheter och växte upp för att matcha de norra huskiesna.

Buck avait de la force, une habileté sauvage et un instinct patient et mortel.

Buck hade styrka, vild skicklighet och en tålmodig, dödlig instinkt.

L'homme avec la massue avait fait perdre à Buck toute témérité.

Mannen med klubban hade slagit ur Buck den obetänksamma förhastighet.

La fureur aveugle avait disparu, remplacée par une ruse silencieuse et un contrôle.

Blind ilska var borta, ersatt av tyst slughet och kontroll.

Il attendait, calme et primitif, guettant le bon moment.

Han väntade, lugn och primal, och väntade på rätt ögonblick.

Leur lutte pour le commandement est devenue inévitable et claire.

Deras kamp om befälet blev oundviklig och tydlig.

Buck désirait être un leader parce que son esprit l'exigeait.

Buck önskade ledarskap eftersom hans anda krävde det.

Il était poussé par l'étrange fierté née du sentier et du harnais.

Han drevs av den säregna stoltheten som föddes ur stig och sele.

Cette fierté a poussé les chiens à tirer jusqu'à ce qu'ils s'effondrent sur la neige.

Den stoltheten fick hundar att dra tills de kollapsade i snön.

L'orgueil les a poussés à donner toute la force qu'ils avaient.

Stolthet lockade dem att ge all den styrka de hade.

L'orgueil peut attirer un chien de traîneau jusqu'à la mort.

Stolthet kan locka en slädhund ända till döden.

La perte du harnais a laissé les chiens brisés et sans but.

Att tappa selen lämnade hundarna trasiga och utan syfte.

Le cœur d'un chien de traîneau peut être brisé par la honte lorsqu'il prend sa retraite.

En slädhunds hjärta kan krossas av skam när den går i pension.

Dave vivait avec cette fierté alors qu'il tirait le traîneau par derrière.

Dave levde efter den stoltheten medan han släpade släden bakifrån.

Solleks, lui aussi, a tout donné avec une force et une loyauté redoutables.

Även Solleks gav allt med dyster styrka och lojalitet.

Chaque matin, l'orgueil les faisait passer de l'amertume à la détermination.

Varje morgon förvandlade stoltheten dem från bittra till beslutsamma.

Ils ont poussé toute la journée, puis sont restés silencieux à la fin du camp.

De pressade på hela dagen, sedan tystnade de vid slutet av lägret.

Cette fierté a donné à Spitz la force de battre les tire-au-flanc.

Den stoltheten gav Spitz styrkan att före smygarna in i kön.

Spitz craignait Buck parce que Buck portait cette même fierté profonde.

Spitz fruktade Buck eftersom Buck bar samma djupa stolthet.

L'orgueil de Buck s'est alors retourné contre Spitz, et il ne s'est pas arrêté.

Bucks stolthet rörde sig nu mot Spitz, och han stannade inte.

Buck a défié le pouvoir de Spitz et l'a empêché de punir les chiens.

Buck trotsade Spitz makt och hindrade honom från att straffa hundar.

Lorsque les autres échouaient, Buck s'interposait entre eux et leur chef.

När andra misslyckades, ställde Buck sig mellan dem och deras ledare.

Il l'a fait intentionnellement, en rendant son défi ouvert et clair.

Han gjorde detta med avsikt och gjorde sin utmaning öppen och tydlig.

Une nuit, une forte neige a recouvert le monde d'un profond silence.

En natt täckte tung snö världen i djup tystnad.

Le lendemain matin, Pike, paresseux comme toujours, ne se leva pas pour aller travailler.

Nästa morgon gick Pike, lat som alltid, inte upp för att arbeta.

Il est resté caché dans son nid sous une épaisse couche de neige.

Han höll sig gömd i sitt bo under ett tjockt lager snö.

François a appelé et cherché, mais n'a pas pu trouver le chien.

François ropade och letade, men kunde inte hitta hunden.

Spitz devint furieux et se précipita à travers le camp couvert de neige.

Spitz blev rasande och stormade genom det snötäckta lägret.

Il grogna et renifla, creusant frénétiquement avec des yeux flamboyants.

Han morrade och snörvlade, grävde vilt med flammande ögon.

Sa rage était si féroce que Pike tremblait sous la neige de peur.

Hans raseri var så våldsamt att Pike skakade under snön av skräck.

Lorsque Pike fut finalement retrouvé, Spitz se précipita pour punir le chien qui se cachait.

När Pike äntligen hittades, kastade Spitz sig ut för att straffa den gömda hunden.

Mais Buck s'est précipité entre eux avec une fureur égale à celle de Spitz.

Men Buck sprang emellan dem med en raseri lika med Spitz egen.

L'attaque fut si soudaine et intelligente que Spitz tomba.

Attacken var så plötslig och listig att Spitz föll av fötterna.

Pike, qui tremblait, puisa du courage dans ce défi.

Pike, som hade skakat, hämtade mod från detta trots.

Il sauta sur le Spitz tombé, suivant l'exemple audacieux de Buck.

Han hoppade upp på den fallna Spitzen och följde Bucks djärva exempel.

Buck, n'étant plus tenu par l'équité, a rejoint la grève contre Spitz.

Buck, inte längre bunden av rättvisa, anslöt sig till strejken mot Spitz.

François, amusé mais ferme dans sa discipline, balançait son lourd fouet.

François, road men bestämd i sin disciplin, svingade sin tunga piskslag.

Il frappa Buck de toutes ses forces pour mettre fin au combat.

Han slog Buck med all sin kraft för att avbryta striden.

Buck a refusé de bouger et est resté au sommet du chef tombé.

Buck vägrade att röra sig och stannade kvar ovanpå den fallna ledaren.

François a ensuite utilisé le manche du fouet, frappant Buck durement.

François använde sedan piskan och slog Buck hårt.

Titubant sous le coup, Buck recula sous l'assaut.

Vacklande av slaget föll Buck bakåt under attacken.

François frappait encore et encore tandis que Spitz punissait Pike.

François slog till om och om igen medan Spitz straffade Pike.

Les jours passèrent et Dawson City se rapprocha de plus en plus.

Dagarna gick, och Dawson City kom närmare och närmare.

Buck n'arrêtait pas d'intervenir, se glissant entre le Spitz et les autres chiens.

Buck fortsatte att lägga sig i och gled mellan Spitz och de andra hundarna.

Il choisissait bien ses moments, attendant toujours que François parte.

Han valde sina ögonblick väl och väntade alltid på att François skulle gå.

La rébellion silencieuse de Buck s'est propagée et le désordre a pris racine dans l'équipe.

Bucks tysta uppror spred sig, och oordning slog rot i laget.

Dave et Solleks sont restés fidèles, mais d'autres sont devenus indisciplinés.

Dave och Solleks förblev lojala, men andra blev ostyriga.

L'équipe est devenue de plus en plus agitée, querelleuse et hors de propos.

Laget blev värre – rastlöst, grälsjukt och ur led.

Plus rien ne fonctionnait correctement et les bagarres devenaient courantes.

Ingenting fungerade längre smidigt, och slagsmål blev vanliga.

Buck est resté au cœur des troubles, provoquant toujours des troubles.

Buck stannade i kärnan av oroligheterna och provocerade ständigt fram oroligheter.

François restait vigilant, effrayé par le combat entre Buck et Spitz.

François förblev vaken, rädd för slagsmålet mellan Buck och Spitz.

Chaque nuit, des bagarres le réveillaient, craignant que le commencement n'arrive enfin.

Varje natt väckte han bråk, av rädsla för att början äntligen var inne.

Il sauta de sa robe, prêt à mettre fin au combat.

Han hoppade av sin mantel, redo att avbryta striden.

Mais le moment n'arriva jamais et ils atteignirent finalement Dawson.

Men ögonblicket kom aldrig, och de nådde äntligen Dawson.

L'équipe est entrée dans la ville un après-midi sombre, tendu et calme.

Teamet kom in i staden en dyster eftermiddag, spänt och tyst.

La grande bataille pour le leadership était encore en suspens dans l'air glacial.

Den stora striden om ledarskapet hängde fortfarande i den frusna luften.

Dawson était rempli d'hommes et de chiens de traîneau, tous occupés à travailler.

Dawson var full av män och slädhundar, alla upptagna med arbete.

Buck regardait les chiens tirer des charges du matin au soir.

Buck såg hundarna dra lass från morgon till kväll.

Ils transportaient des bûches et du bois de chauffage et acheminaient des fournitures vers les mines.

De transporterade stockar och ved och fraktade förnödenheter till gruvorna.

Là où les chevaux travaillaient autrefois dans le Southland, les chiens travaillent désormais.

Där hästar en gång arbetade i Southland, arbetade nu hundar.

Buck a vu quelques chiens du Sud, mais la plupart étaient des huskies ressemblant à des loups.

Buck såg några hundar från södern, men de flesta var varglika huskyer.

La nuit, comme une horloge, les chiens élevaient la voix pour chanter.

På natten, som ett urverk, höjde hundarna sina röster i sång.

À neuf heures, à minuit et à nouveau à trois heures, les chants ont commencé.

Klockan nio, vid midnatt och återigen klockan tre började sången.

Buck aimait se joindre à leur chant étrange, au son sauvage et ancien.

Buck älskade att sällskapa till deras kusliga sång, vild och uråldrig i klangen.

Les aurores boréales flamboyaient, les étoiles dansaient et la neige recouvrait le pays.

Norrskenet flammade, stjärnorna dansade och snö täckte landet.

Le chant des chiens s'éleva comme un cri contre le silence et le froid glacial.

Hundarnas sång höjdes som ett rop mot tystnaden och den bittra kylan.

Mais leur hurlement contenait de la tristesse, et non du défi, dans chaque longue note.

Men deras ylande rymde sorg, inte trots, i varje lång ton.

Chaque cri plaintif était plein de supplications, le fardeau de la vie elle-même.

Varje klagan var fullt av vädjan; själva livets börda.

Cette chanson était vieille, plus vieille que les villes et plus vieille que les incendies.

Den sången var gammal – äldre än städer och äldre än
bränder
**Cette chanson était encore plus ancienne que les voix des
hommes.**
Den sången var äldre än till och med människors röster.
**C'était une chanson du monde des jeunes, quand toutes les
chansons étaient tristes.**
Det var en sång från den unga världen, när alla sånger var
sorgliga.
**La chanson portait la tristesse d'innombrables générations
de chiens.**
Sången bar med sig sorg från otaliga generationer av hundar.
**Buck ressentait profondément la mélodie, gémissant de
douleur enracinée dans les âges.**
Buck kände melodin djupt, stönande av smärta rotad i
tidsåldrarna.
**Il sanglotait d'un chagrin aussi vieux que le sang sauvage
dans ses veines.**
Han snyftade av en sorg lika gammal som det vilda blodet i
hans ådror.
Le froid, l'obscurité et le mystère ont touché l'âme de Buck.
Kylan, mörkret och mystiken berörde Bucks själ.
**Cette chanson prouvait à quel point Buck était revenu à ses
origines.**
Den sången bevisade hur långt Buck hade återvänt till sina
ursprung.
**À travers la neige et les hurlements, il avait trouvé le début
de sa propre vie.**
Genom snö och ylande hade han funnit början på sitt eget liv.

Sept jours après leur arrivée à Dawson, ils repartent.
Sju dagar efter ankomsten till Dawson gav de sig av igen.
**L'équipe est descendue de la caserne jusqu'au sentier du
Yukon.**
Teamet släppte från barackerna ner till Yukon Trail.
**Ils ont commencé le voyage de retour vers Dyea et Salt
Water.**

De började resan tillbaka mot Dyea och Salt Water.

Perrault portait des dépêches encore plus urgentes qu'auparavant.

Perrault bar depescher ännu mer brådskande än tidigare.

Il était également saisi par la fierté du sentier et avait pour objectif d'établir un record.

Han greps också av stigstolthet och siktade på att sätta rekord.

Cette fois, plusieurs avantages étaient du côté de Perrault.

Den här gången var flera fördelar på Perraults sida.

Les chiens s'étaient reposés pendant une semaine entière et avaient repris des forces.

Hundarna hade vilat i en hel vecka och återfått sin styrka.

Le sentier qu'ils avaient ouvert était maintenant damé par d'autres.

Spåret de hade brutit var nu hårt packat av andra.

À certains endroits, la police avait stocké de la nourriture pour les chiens et les hommes.

På sina ställen hade polisen förvarat mat åt både hundar och män.

Perrault voyageait léger, se déplaçait rapidement et n'avait pas grand-chose pour l'alourdir.

Perrault färdades lätt, rörde sig snabbt och hade lite som tyngde ner honom.

Ils ont atteint Sixty-Mile, une course de cinquante milles, dès la première nuit.

De nådde Sixty-Mile, en löprunda på åtta kilometer, redan den första natten.

Le deuxième jour, ils se sont précipités sur le Yukon en direction de Pelly.

På den andra dagen rusade de uppför Yukon mot Pelly.

Mais ces beaux progrès ont été accompagnés de beaucoup de difficultés pour François.

Men sådana fina framsteg medförde stora påfrestningar för François.

La rébellion silencieuse de Buck avait brisé la discipline de l'équipe.

Bucks tysta uppror hade krossat lagets disciplin.

Ils ne se rassemblaient plus comme une seule bête dans les rênes.

De drog inte längre åt samma håll som ett enda odjur i tyglarna.

Buck avait conduit d'autres personnes à la défiance par son exemple audacieux.

Buck hade lett andra till trots genom sitt djärva exempel.

L'ordre de Spitz n'a plus été accueilli avec crainte ou respect.

Spitz befallning möttes inte längre med fruktan eller respekt.

Les autres ont perdu leur respect pour lui et ont osé résister à son règne.

De andra förlorade sin vördnad för honom och vågade göra motstånd mot hans styre.

Une nuit, Pike a volé la moitié d'un poisson et l'a mangé sous les yeux de Buck.

En natt stal Pike en halv fisk och åt den mitt framför Bucks öga.

Une autre nuit, Dub et Joe se sont battus contre Spitz et sont restés impunis.

En annan natt slogs Dub och Joe mot Spitz och klarade sig ostraffade.

Même Billee gémissait moins doucement et montrait une nouvelle vivacité.

Till och med Billee gnällde mindre sött och visade ny skärpa.

Buck grognait sur Spitz à chaque fois qu'ils se croisaient.

Buck morrade åt Spitz varje gång de korsade vägar.

L'attitude de Buck devint audacieuse et menaçante, presque comme celle d'un tyran.

Bucks attityd blev djärv och hotfull, nästan som en översittare.

Il marchait devant Spitz avec une démarche assurée, pleine de menace moqueuse.

Han gick fram och tillbaka framför Spitz med en bravur, full av hånfulla hot.

Cet effondrement de l'ordre s'est également propagé parmi les chiens de traîneau.

Det ordningens kollaps spred sig även bland slädhundarna.

Ils se battaient et se disputaient plus que jamais, remplissant le camp de bruit.

De slogs och grälade mer än någonsin, och fyllde lägret med oväsen.

La vie au camp se transformait chaque nuit en un chaos sauvage et hurlant.

Lägerlivet förvandlades till ett vilt, ylande kaos varje natt.

Seuls Dave et Solleks sont restés stables et concentrés.

Endast Dave och Solleks förblev stadiga och fokuserade.

Mais même eux sont devenus colériques à cause des bagarres incessantes.

Men även de blev korta till mods av de ständiga bråken.

François jurait dans des langues étranges et piétinait de frustration.

François svor på främmande språk och stampade i frustration.

Il s'arrachait les cheveux et criait tandis que la neige volait sous ses pieds.

Han slet sig i håret och skrek medan snön flög under fötterna.

Son fouet claqua sur le groupe, mais parvint à peine à les maintenir en ligne.

Hans piska smällde över flocken men höll dem nätt och jämnt i ledet.

Chaque fois qu'il tournait le dos, les combats reprenaient.

Varje gång han vände ryggen till utbröt striderna igen.

François a utilisé le fouet pour Spitz, tandis que Buck a dirigé les rebelles.

François använde piskslaget för Spitz, medan Buck ledde rebellerna.

Chacun connaissait le rôle de l'autre, mais Buck évitait tout blâme.

Båda kände till den andres roll, men Buck undvek all skuld.

François n'a jamais surpris Buck en train de provoquer une bagarre ou de se dérober à son travail.

François ertappade aldrig Buck med att starta ett bråk eller smita från sitt jobb.

Buck travaillait dur sous le harnais – le travail lui faisait désormais vibrer l'esprit.

Buck arbetade hårt i sele – slitet upprörde nu hans ande.

Mais il trouvait encore plus de joie à provoquer des bagarres et du chaos dans le camp.

Men han fann ännu större glädje i att skapa bråk och kaos i lägret.

Un soir, à l'embouchure du Tahkeena, Dub fit sursauter un lapin.

En kväll vid Tahkeenas mynning skrämde Dub en kanin.

Il a raté la prise et le lièvre d'Amérique s'est enfui.

Han missade fångsten, och snöskokaninen sprang iväg.

En quelques secondes, toute l'équipe de traîneau s'est lancée à sa poursuite en poussant des cris sauvages.

På några sekunder gav hela slädteamet efter under vilda rop.

À proximité, un camp de la police du Nord-Ouest abritait une cinquantaine de chiens huskys.

I närheten fanns ett polisläger för nordvästra USA, där femtio huskyhundar fanns.

Ils se sont joints à la chasse, descendant ensemble la rivière gelée.

De anslöt sig till jakten och for nerför den frusna floden tillsammans.

Le lapin a quitté la rivière et s'est enfui dans le lit d'un ruisseau gelé.

Kaninen svängde av floden och flydde uppför en frusen bäckfåra.

Le lapin sautait légèrement sur la neige tandis que les chiens peinaient à se frayer un chemin.

Kaninen hoppade lätt över snön medan hundarna kämpade sig fram.

Buck menait l'énorme meute de soixante chiens dans chaque virage sinueux.

Buck ledde den massiva flocken på sextio hundar runt varje slingrande krök.

Il avança, bas et impatient, mais ne put gagner du terrain.

Han trängde sig framåt, lågt och ivrigt, men kunde inte vinna mark.

Son corps brillait sous la lune pâle à chaque saut puissant.

Hans kropp blixtrade under den bleka månen vid varje
kraftfullt språng.

**Devant, le lapin se déplaçait comme un fantôme, silencieux
et trop rapide pour être attrapé.**

Framför rörde sig kaninen som ett spöke, tyst och för snabb
för att kunna fånga den.

**Tous ces vieux instincts – la faim, le frisson – envahirent
Buck.**

Alla de där gamla instinkterna – hungern, spänningen –
rusade genom Buck.

**Les humains ressentent parfois cet instinct et sont poussés à
chasser avec une arme à feu et des balles.**

Människor känner ibland denna instinkt, drivna att jaga med
gevär och kula.

**Mais Buck ressentait ce sentiment à un niveau plus profond
et plus personnel.**

Men Buck kände den här känslan på ett djupare och mer
personligt plan.

**Ils ne pouvaient pas ressentir la nature sauvage dans leur
sang comme Buck pouvait la ressentir.**

De kunde inte känna vildmarken i sitt blod på samma sätt som
Buck kunde känna den.

**Il chassait la viande vivante, prêt à tuer avec ses dents et à
goûter le sang.**

Han jagade levande kött, redo att döda med tänderna och
smaka blod.

**Son corps se tendait de joie, voulant se baigner dans la vie
rouge et chaude.**

Hans kropp ansträngde sig av glädje, och ville bada i varmt
rött liv.

**Une joie étrange marque le point le plus élevé que la vie
puisse atteindre.**

En märklig glädje markerar den högsta punkt livet någonsin
kan nå.

**La sensation d'un pic où les vivants oublient même qu'ils
sont en vie.**

Känslan av en topp där de levande glömmer att de ens lever.

Cette joie profonde touche l'artiste perdu dans une inspiration fulgurante.

Denna djupa glädje berör konstnären som är förlorad i flammande inspiration.

Cette joie saisit le soldat qui se bat avec acharnement et n'épargne aucun ennemi.

Denna glädje griper soldaten som kämpar vilt och inte skonar någon fiende.

Cette joie s'empara alors de Buck alors qu'il menait la meute dans une faim primitive.

Denna glädje krävde nu Buck då han ledde flocken i urhunger.

Il hurla avec le cri ancien du loup, ravi par la chasse vivante.

Han ylade med det urgamla vargskriet, hänförd av den levande jakten.

Buck a puisé dans la partie la plus ancienne de lui-même, perdue dans la nature.

Buck utnyttjade den äldsta delen av sig själv, förlorad i vildmarken.

Il a puisé au plus profond de lui-même, au-delà de la mémoire, dans le temps brut et ancien.

Han nådde djupt in i det förflutna, in i den råa, uråldriga tiden.

Une vague de vie pure a traversé chaque muscle et chaque tendon.

En våg av rent liv vällde genom varje muskel och sena.

Chaque saut criait qu'il vivait, qu'il traversait la mort.

Varje hopp ropade att han levde, att han rörde sig genom döden.

Son corps s'élevait joyeusement au-dessus d'une terre calme et froide qui ne bougeait jamais.

Hans kropp svävade glädjefyllt över det stilla, kalla, orörda landet.

Spitz est resté froid et rusé, même dans ses moments les plus fous.

Spitz förblev kall och listig, även i sina vildaste stunder.

Il quitta le sentier et traversa un terrain où le ruisseau formait une large courbe.

Han lämnade leden och korsade mark där bäcken svängde sig vid.

Buck, inconscient de cela, resta sur le chemin sinueux du lapin.

Buck, omedveten om detta, stannade kvar på kaninens slingrande stig.

Puis, alors que Buck tournait un virage, le lapin fantomatique était devant lui.

Sedan, när Buck rundade en kurva, stod den spöklika kaninen framför honom.

Il vit une deuxième silhouette sauter de la berge devant la proie.

Han såg en andra figur hoppa från stranden framför bytet.

La silhouette était celle d'un Spitz, atterrissant juste sur le chemin du lapin en fuite.

Figuren var Spitz, som landade precis i den flyende kaninens väg.

Le lapin ne pouvait pas se retourner et a rencontré les mâchoires de Spitz en plein vol.

Kaninen kunde inte vända sig om och mötte Spitzs käkar i luften.

La colonne vertébrale du lapin se brisa avec un cri aussi aigu que le cri d'un humain mourant.

Kaninens ryggrad bröts av med ett skrik lika skarpt som en döende människas rop.

À ce bruit – la chute de la vie à la mort – la meute hurla fort.

Vid det ljudet – fallet från liv till död – ylade flocken högt.

Un chœur sauvage s'éleva derrière Buck, plein de joie sombre.

En vild kör höjdes bakom Buck, full av mörk glädje.

Buck n'a émis aucun cri, aucun son, et a chargé directement Spitz.

Buck ropade inte, inget ljud, och stormade rakt in i Spitz.

Il a visé la gorge, mais a touché l'épaule à la place.

Han siktade på halsen, men träffade istället axeln.

Ils dégringolèrent dans la neige molle, leurs corps bloqués dans le combat.

De tumlade genom mjuk snö; deras kroppar var upptagna i strid.

Spitz se releva rapidement, comme s'il n'avait jamais été renversé.

Spitz sprang snabbt upp, som om han aldrig hade blivit nedslagen.

Il a entaillé l'épaule de Buck, puis s'est éloigné du combat.

Han högg Buck i axeln och sprang sedan undan ur striden.

À deux reprises, ses dents claquèrent comme des pièges en acier, ses lèvres se retroussèrent et devinrent féroces.

Två gånger knäppte hans tänder som stålfällor, läpparna var böjda och vildsint.

Il recula lentement, cherchant un sol ferme sous ses pieds.

Han backade långsamt undan och sökte fast mark under fötterna.

Buck a compris le moment instantanément et pleinement.

Buck förstod ögonblicket omedelbart och helt.

Le moment était venu ; le combat allait être un combat à mort.

Tiden var inne; kampen skulle bli en kamp till döden.

Les deux chiens tournaient en rond, grognant, les oreilles plates, les yeux plissés.

De två hundarna cirkulerade, morrade, med platta öron och sammanbitna ögon.

Chaque chien attendait que l'autre montre une faiblesse ou fasse un faux pas.

Varje hund väntade på att den andra skulle visa svaghet eller felsteg.

Pour Buck, la scène semblait étrangement connue et profondément ancrée dans ses souvenirs.

För Buck kändes scenen kusligt välkänd och djupt ihågkommen.

Les bois blancs, la terre froide, la bataille au clair de lune.

De vita skogarna, den kalla jorden, striden i månskenet.

Un silence pesant emplissait le pays, profond et contre nature.

En tung tystnad fyllde landet, djup och onaturlig.

Aucun vent ne soufflait, aucune feuille ne bougeait, aucun bruit ne brisait le silence.

Ingen vind rörde sig, inget löv rörde sig, inget ljud bröt stillheten.

Le souffle des chiens s'élevait comme de la fumée dans l'air glacial et calme.

Hundarnas andetag steg som rök i den frusna, tysta luften.

Le lapin a été depuis longtemps oublié par la meute de bêtes sauvages.

Kaninen var länge glömd av flocken av vilda djur.

Ces loups à moitié apprivoisés se tenaient maintenant immobiles dans un large cercle.

Dessa halvtämjda vargar stod nu stilla i en vid cirkel.

Ils étaient silencieux, seuls leurs yeux brillants révélaient leur faim.

De var tysta, bara deras glödande ögon avslöjade deras hunger.

Leur souffle s'éleva, regardant le combat final commencer.

Deras andetag gled uppåt, medan de såg den sista striden börja.

Pour Buck, cette bataille était ancienne et attendue, pas du tout étrange.

För Buck var denna strid gammal och väntad, inte alls konstig.

C'était comme un souvenir de quelque chose qui devait arriver depuis toujours.

Det kändes som ett minne av något som alltid varit menat att hända.

Le Spitz était un chien de combat entraîné, affiné par d'innombrables bagarres sauvages.

Spitz var en tränad kamphund, finslipad genom otaliga vilda slagsmål.

Du Spitzberg au Canada, il a vaincu de nombreux ennemis.

Från Spetsbergen till Kanada hade han besegrat många fiender.

Il était rempli de fureur, mais n'a jamais cédé au contrôle de la rage.

Han var fylld av ilska, men gav aldrig kontroll över raseriet.

Sa passion était vive, mais toujours tempérée par un instinct dur.

Hans passion var skarp, men alltid mildrad av hård instinkt.

Il n'a jamais attaqué jusqu'à ce que sa propre défense soit en place.

Han anföll aldrig förrän hans eget försvar var på plats.

Buck a essayé encore et encore d'atteindre le cou vulnérable de Spitz.

Buck försökte gång på gång nå Spitzs sårbara nacke.

Mais chaque coup était accueilli par un coup des dents acérées de Spitz.

Men varje hugg möttes av ett hugg från Spitz vassa tänder.

Leurs crocs se sont heurtés et les deux chiens ont saigné de leurs lèvres déchirées.

Deras huggtänder krockade, och båda hundarna blödde från sönderrivna läppar.

Peu importe comment Buck s'est lancé, il n'a pas pu briser la défense.

Hur Buck än kastade sig fram kunde han inte bryta igenom försvaret.

Il devint de plus en plus furieux, se précipitant avec des explosions de puissance sauvages.

Han blev alltmer rasande och stormade in med vilda maktutbrott.

À maintes reprises, Buck frappait la gorge blanche du Spitz.

Om och om igen slog Buck efter Spitz vita strupe.

À chaque fois, Spitz esquivait et riposta avec une morsure tranchante.

Varje gång undvek Spitz och slog tillbaka med ett skärande bett.

Buck changea alors de tactique, se précipitant à nouveau comme pour atteindre la gorge.

Sedan ändrade Buck taktik och rusade som för att sätta strupen igen.

Mais il s'est retiré au milieu de l'attaque, se tournant pour frapper sur le côté.

Men han drog sig tillbaka mitt i attacken och vände sig till att slå från sidan.

Il a lancé son épaule sur Spitz, dans le but de le faire tomber.

Han kastade axeln mot Spitz i syfte att slå omkull honom.

À chaque fois qu'il essayait, Spitz esquivait et ripostait avec une frappe.

Varje gång han försökte undvek Spitz och kontrade med ett hugg.

L'épaule de Buck était à vif alors que Spitz s'écartait après chaque coup.

Bucks axel blev öm när Spitz sprang undan efter varje träff.

Spitz n'avait pas été touché, tandis que Buck saignait de nombreuses blessures.

Spitz hade inte blivit rörd, medan Buck blödde från många sår.

La respiration de Buck était rapide et lourde, son corps était couvert de sang.

Bucks andetag kom snabbt och tungt, hans kropp glödande av blod.

Le combat devenait plus brutal à chaque morsure et à chaque charge.

Slaget blev mer brutalt med varje bett och anfall.

Autour d'eux, soixante chiens silencieux attendaient le premier à tomber.

Runt omkring dem väntade sextio tysta hundar på att de första skulle falla.

Si un chien tombait, la meute allait mettre fin au combat.

Om en hund föll skulle flocken avsluta kampen.

Spitz vit Buck faiblir et commença à attaquer.

Spitz såg Buck försvagas och började anfalla.

Il a maintenu Buck en déséquilibre, le forçant à lutter pour garder pied.

Han höll Buck ur balans och tvingade honom att kämpa för att få fotfäste.

Un jour, Buck trébucha et tomba, et tous les chiens se relevèrent.

En gång snubblade Buck och föll, och alla hundarna reste sig upp.

Mais Buck s'est redressé au milieu de sa chute, et tout le monde s'est affalé.

Men Buck rättade till sig mitt i fallet, och alla sjönk ner igen.

Buck avait quelque chose de rare : une imagination née d'un instinct profond.

Buck hade något sällsynt – fantasi född ur djup instinkt.

Il combattait par instinct naturel, mais aussi par ruse.

Han kämpade av naturlig drift, men han kämpade också med slughet.

Il chargea à nouveau comme s'il répétait son tour d'attaque à l'épaule.

Han anföll igen som om han upprepade sitt axelattackstrick.

Mais à la dernière seconde, il s'est laissé tomber et a balayé Spitz.

Men i sista sekunden sjönk han lågt och svepte under Spitz.

Ses dents se sont bloquées sur la patte avant gauche de Spitz avec un claquement.

Hans tänder låste sig fast i Spitz vänstra framben med ett knäpp.

Spitz était maintenant instable, son poids reposant sur seulement trois pattes.

Spitz stod nu ostadig, med endast tre ben i sin vikt.

Buck frappa à nouveau, essaya trois fois de le faire tomber.

Buck slog till igen och försökte tre gånger få ner honom.

À la quatrième tentative, il a utilisé le même mouvement avec succès.

På fjärde försöket använde han samma drag med framgång.

Cette fois, Buck a réussi à mordre la jambe droite du Spitz.

Den här gången lyckades Buck bita Spitz i högra benet.

Spitz, bien que paralysé et souffrant, continuait à lutter pour survivre.

Spitz, trots att han var förlamad och i smärta, fortsatte att kämpa för att överleva.

Il vit le cercle de huskies se resserrer, la langue tirée, les yeux brillants.

Han såg kretsen av huskyhundar tätna ihop, med tungorna utsträckta och ögonen glödande.

Ils attendaient de le dévorer, comme ils l'avaient fait pour les autres.

De väntade på att sluka honom, precis som de hade gjort mot andra.

Cette fois, il se tenait au centre, vaincu et condamné.

Den här gången stod han i mitten; besegrad och dömd.

Le chien blanc n'avait désormais plus aucune possibilité de s'échapper.

Det fanns inget annat alternativ för den vita hunden att fly nu.

Buck n'a montré aucune pitié, car la pitié n'avait pas sa place dans la nature.

Buck visade ingen nåd, för nåd hörde inte hemma i naturen.

Buck se déplaçait prudemment, se préparant à la charge finale.

Buck rörde sig försiktigt och förberedde sig för den sista anfallet.

Le cercle des huskies se referma ; il sentit leur souffle chaud.

Cirkeln av huskyhundar slöt sig om; han kände deras varma andetag.

Ils s'accroupirent, prêts à bondir lorsque le moment viendrait.

De hukade sig lågt, redo att hoppa när ögonblicket kom.

Spitz tremblait dans la neige, grognant et changeant de position.

Spitz darrade i snön, morrade och ändrade ställning.

Ses yeux brillaient, ses lèvres se courbaient, ses dents brillaient dans une menace désespérée.

Hans ögon stirrade, läpparna krullade, tänderna blixtrade av desperat hot.

Il tituba, essayant toujours de résister à la morsure froide de la mort.

Han vacklade, fortfarande försökande att hålla tillbaka dödens kalla bett.

Il avait déjà vu cela auparavant, mais toujours du côté des gagnants.

Han hade sett detta förut, men alltid från den vinnande sidan.

Il était désormais du côté des perdants, des vaincus, de la proie, de la mort.

Nu var han på den förlorande sidan; den besegrade; bytet; döden.

Buck tourna en rond pour porter le coup final, le cercle de chiens se rapprochant.

Buck gick i en cirk för att ge det sista slaget, hundarnas ring trängdes närmare.

Il pouvait sentir leur souffle chaud, prêt à tuer.

Han kunde känna deras heta andetag; redo för att döda.

Un silence s'installa ; tout était à sa place ; le temps s'était arrêté.

En stillhet föll; allt var på sin plats; tiden hade stannat.

Même l'air froid entre eux se figea un dernier instant.

Till och med den kalla luften mellan dem frös till is för ett sista ögonblick.

Seul Spitz bougea, essayant de retenir sa fin amère.

Endast Spitz rörde sig och försökte hålla tillbaka hans bittra slut.

Le cercle des chiens se refermait autour de lui, comme l'était son destin.

Hundkretsen slöt sig om honom, liksom hans öde.

Il était désespéré maintenant, sachant ce qui allait se passer.

Han var desperat nu, eftersom han visste vad som skulle hända.

Buck bondit, épaule contre épaule une dernière fois.

Buck hoppade in, axel mötte axel en sista gång.

Les chiens se sont précipités en avant, couvrant Spitz dans l'obscurité neigeuse.

Hundarna rusade fram och täckte Spitz i det snötäckta mörkret.

Buck regardait, debout, le vainqueur dans un monde sauvage.

Buck tittade på, stående rak; segraren i en vild värld.

La bête primordiale dominante avait fait sa proie, et c'était bien.

Det dominerande urdjuret hade gjort sin byte, och det var bra.

Celui qui a gagné la maîtrise
Han som har vunnit mästerskapet

« Hein ? Qu'est-ce que j'ai dit ? Je dis vrai quand je dis que Buck est un démon. »

"Eh? Vad sa jag? Jag talar sanning när jag säger att Buck är en djävul."

François a dit cela le lendemain matin après avoir constaté la disparition de Spitz.

François sa detta nästa morgon efter att ha hittat Spitz försvunnen.

Buck se tenait là, couvert de blessures dues au combat acharné.

Buck stod där, täckt av sår från den våldsamma striden.

François tira Buck près du feu et lui montra les blessures.

François drog Buck nära elden och pekade på skadorna.

« Ce Spitz s'est battu comme le Devik », dit Perrault en observant les profondes entailles.

"Den där Spitzen slogs som en Devik", sa Perrault och blickade ut över de djupa såren.

« Et ce Buck s'est battu comme deux diables », répondit aussitôt François.

"Och att Buck slogs som två djävlar", svarade François genast.

« Maintenant, nous allons faire du bon temps ; plus de Spitz, plus de problèmes. »

"Nu ska vi ha det bra; ingen mer Spitz, inget mer problem."

Perrault préparait le matériel et chargeait le traîneau avec soin.

Perrault packade utrustningen och lastade släden omsorgsfullt.

François a attelé les chiens en prévision de la course du jour.

François selade hundarna som förberedelse inför dagens löprunda.

Buck a trotté directement vers la position de tête autrefois détenue par Spitz.

Buck travade rakt upp till den ledningsposition som en gång innehades av Spitz.

Mais François, sans s'en apercevoir, conduisit Solleks vers l'avant.

Men François, som inte märkte det, ledde Solleks fram till fronten.

Aux yeux de François, Solleks était désormais le meilleur chien de tête.

Enligt François' bedömning var Solleks nu den bästa ledarhunden.

Buck se jeta sur Solleks avec fureur et le repoussa en signe de protestation.

Buck sprang rasande mot Solleks och drev honom tillbaka i protest.

Il se tenait là où Spitz s'était autrefois tenu, revendiquant la position de leader.

Han stod där Spitz en gång hade stått och gjorde anspråk på ledarpositionen.

« Hein ? Hein ? » s'écria François en se frappant les cuisses d'un air amusé.

"Vah? Va?" utbrast François och klappade sig road för låren.

« Regardez Buck, il a tué Spitz, et maintenant il veut prendre le poste ! »

"Titta på Buck – han dödade Spitz, nu vill han ta jobbet!"

« Va-t'en, Chook ! » cria-t-il, essayant de chasser Buck.

"Gå din väg, Chook!" ropade han och försökte driva bort Buck.

Mais Buck refusa de bouger et resta ferme dans la neige.

Men Buck vägrade att röra sig och stod stadigt i snön.

François attrapa Buck par la peau du cou et le tira sur le côté.

François grep tag i Bucks skinn och drog honom åt sidan.

Buck grogna bas et menaçant mais n'attaqua pas.

Buck morrade lågt och hotfullt men attackerade inte.

François a remis Solleks en tête, tentant de régler le différend

François satte Solleks tillbaka i ledningen och försökte lösa tvisten

Le vieux chien avait peur de Buck et ne voulait pas rester.

Den gamla hunden visade rädsla för Buck och ville inte
stanna.

**Quand François lui tourna le dos, Buck chassa à nouveau
Solleks.**

När François vände ryggen till, drev Buck ut Solleks igen.

**Solleks n'a pas résisté et s'est discrètement écarté une fois de
plus.**

Solleks gjorde inget motstånd och steg tyst åt sidan återigen.

**François s'est mis en colère et a crié : « Par Dieu, je te répare !
»**

François blev arg och ropade: "Vid Gud, jag fixar dig!"

**Il s'approcha de Buck en tenant une lourde massue à la
main.**

Han kom mot Buck med en tung klubba i handen.

Buck se souvenait bien de l'homme au pull rouge.

Buck mindes mannen i den röda tröjan väl.

**Il recula lentement, observant François, mais grognant
profondément.**

Han drog sig långsamt tillbaka, iakttog François, men morrade
djupt.

**Il ne s'est pas précipité en arrière, même lorsque Solleks
s'est levé à sa place.**

Han skyndade sig inte tillbaka, inte ens när Solleks stod på
hans plats.

**Buck tourna en rond juste hors de portée, grognant de fureur
et de protestation.**

Buck cirklade strax utom räckhåll, morrande i raseri och
protest.

**Il gardait les yeux fixés sur le gourdin, prêt à esquiver si
François lançait.**

Han höll blicken fäst vid klubban, redo att ducka för om
François kastade.

**Il était devenu sage et prudent quant aux manières des
hommes armés.**

Han hade blivit vis och försiktig när det gällde män med
vapen.

François abandonna et rappela Buck à son ancienne place.

François gav upp och kallade Buck till sin tidigare plats igen.

Mais Buck recula prudemment, refusant d'obéir à l'ordre.

Men Buck tog ett försiktigt steg tillbaka och vägrade att lyda ordern.

François le suivit, mais Buck ne recula que de quelques pas supplémentaires.

François följde efter, men Buck drog sig bara tillbaka några steg till.

Après un certain temps, François jeta l'arme par frustration.

Efter en stund kastade François ner vapnet i frustration.

Il pensait que Buck craignait d'être battu et qu'il allait venir tranquillement.

Han trodde att Buck fruktade att bli misshandlad och skulle komma tyst.

Mais Buck n'évitait pas la punition : il se battait pour son rang.

Men Buck undvek inte straff – han kämpade för rang.

Il avait gagné la place de chien de tête grâce à un combat à mort.

Han hade förtjänat ledarhundsplatsen genom en kamp på liv och död

il n'allait pas se contenter de moins que d'être le leader.

Han skulle inte nöja sig med något mindre än att vara ledaren.

Perrault a participé à la poursuite pour aider à attraper le Buck rebelle.

Perrault hjälpte till i jakten för att fånga den upproriske Buck.

Ensemble, ils l'ont fait courir dans le camp pendant près d'une heure.

Tillsammans sprang de runt med honom i lägret i nästan en timme.

Ils lui lancèrent des coups de massue, mais Buck les esquiva habilement.

De kastade klubbor mot honom, men Buck undvek skickligt var och en av dem.

Ils l'ont maudit, lui, ses ancêtres, ses descendants et chaque cheveu de sa personne.

De förbannade honom, hans förfäder, hans ättlingar och vartenda hårstrå på honom.

Mais Buck se contenta de gronder en retour et resta hors de leur portée.

Men Buck bara morrade tillbaka och höll sig precis utom räckhåll.

Il n'a jamais essayé de s'enfuir mais a délibérément tourné autour du camp.

Han försökte aldrig fly utan gick medvetet runt lägret.

Il a clairement fait savoir qu'il obéirait une fois qu'ils lui auraient donné ce qu'il voulait.

Han gjorde det klart att han skulle lyda när de väl gav honom vad han ville ha.

François s'est finalement assis et s'est gratté la tête avec frustration.

François satte sig slutligen ner och kliade sig frustrerat i huvudet.

Perrault consulta sa montre, jura et marmonna à propos du temps perdu.

Perrault tittade på sin klocka, svor och mumlade om förlorad tid.

Une heure s'était déjà écoulée alors qu'ils auraient dû être sur la piste.

En timme hade redan gått när de borde ha varit på spåret.

François haussa les épaules d'un air penaud en direction du coursier, qui soupira de défaite.

François ryckte fåraktigt på axlarna mot kuriren, som suckade besegrad.

François se dirigea alors vers Solleks et appela Buck une fois de plus.

Sedan gick François till Solleks och ropade på Buck ännu en gång.

Buck rit comme rit un chien, mais garda une distance prudente.

Buck skrattade som en hund skrattar, men höll försiktigt avstånd.

François retira le harnais de Solleks et le remit à sa place.

François tog av Solleks sele och satte honom tillbaka på sin plats.

L'équipe de traîneau était entièrement harnachée, avec seulement une place libre.

Kälkspannet stod fullt selat, med bara en plats ledig.

La position de tête est restée vide, clairement destinée à Buck seul.

Ledarpositionen förblev tom, uppenbarligen avsedd enbart för Buck.

François appela à nouveau, et à nouveau Buck rit et tint bon.

François ropade igen och återigen skrattade Buck och stod fast.

« Jetez le gourdin», ordonna Perrault sans hésitation.

"Kasta ner klubban", beordrade Perrault utan att tveka.

François obéit et Buck trotta immédiatement en avant, fièrement.

François lydde, och Buck travade genast stolt fram.

Il rit triomphalement et prit la tête.

Han skrattade triumferande och klev in i ledarpositionen.

François a sécurisé ses traces et le traîneau a été détaché.

François säkrade sina spår, och släden bröts loss.

Les deux hommes couraient côte à côte tandis que l'équipe s'engageait sur le sentier de la rivière.

Båda männen sprang bredvid medan laget rusade ut på flodleden.

François avait une haute opinion des « deux diables » de Buck,

François hade haft höga tankar om Bucks "två djävlar".

mais il s'est vite rendu compte qu'il avait en fait sous-estimé le chien.

men han insåg snart att han faktiskt hade underskattat hunden.

Buck a rapidement pris le leadership et a fait preuve d'excellence.

Buck tog snabbt ledarskapet och presterade med utmärkt resultat.

En termes de jugement, de réflexion rapide et d'action, Buck a surpassé Spitz.

I omdöme, snabbt tänkande och snabba handlingar överträffade Buck Spitz.

François n'avait jamais vu un chien égal à celui que Buck présentait maintenant.

François hade aldrig sett en hund som var likvärdig med den Buck nu visade upp.

Mais Buck excellait vraiment dans l'art de faire respecter l'ordre et d'imposer le respect.

Men Buck utmärkte sig verkligen i att upprätthålla ordning och kräva respekt.

Dave et Solleks ont accepté le changement sans inquiétude ni protestation.

Dave och Solleks accepterade förändringen utan oro eller protest.

Ils se concentraient uniquement sur le travail et tiraient fort sur les rênes.

De fokuserade bara på arbete och att dra hårt i tyglarna.

Peu leur importait de savoir qui menait, tant que le traîneau continuait d'avancer.

De brydde sig föga om vem som ledde, så länge släden fortsatte att röra sig.

Billee, la joyeuse, aurait pu diriger pour autant qu'ils s'en soucient.

Billee, den glada, kunde ha lett vad de än brydde sig om.

Ce qui comptait pour eux, c'était la paix et l'ordre dans les rangs.

Det som var viktigt för dem var lugn och ordning i leden.

Le reste de l'équipe était devenu indiscipliné pendant le déclin de Spitz.

Resten av laget hade blivit ostyrigt under Spitz nedgång.

Ils furent choqués lorsque Buck les ramena immédiatement à l'ordre.

De blev chockade när Buck omedelbart beställde dem.

Pike avait toujours été paresseux et traînait les pieds derrière Buck.

Pike hade alltid varit lat och släpat efter Buck.

Mais maintenant, il a été sévèrement discipliné par la nouvelle direction.

Men nu blev han skarpt disciplinerad av det nya ledarskapet.

Et il a rapidement appris à faire sa part dans l'équipe.

Och han lärde sig snabbt att dra sin balk i laget.

À la fin de la journée, Pike avait travaillé plus dur que jamais.

Vid dagens slut arbetade Pike hårdare än någonsin tidigare.

Cette nuit-là, au camp, Joe, le chien aigri, fut finalement maîtrisé.

Den natten i lägret blev Joe, den sura hunden, äntligen kuvad.

Spitz n'avait pas réussi à le discipliner, mais Buck n'avait pas échoué.

Spitz hade misslyckats med att disciplinera honom, men Buck misslyckades inte.

Grâce à son poids plus important, Buck a vaincu Joe en quelques secondes.

Med sin större vikt övermannade Buck Joe på några sekunder.

Il a mordu et battu Joe jusqu'à ce qu'il gémisse et cesse de résister.

Han bet och slog Joe tills han gnällde och slutade göra motstånd.

Toute l'équipe s'est améliorée à partir de ce moment-là.

Hela laget förbättrades från det ögonblicket.

Les chiens ont retrouvé leur ancienne unité et leur discipline.

Hundarna återfick sin gamla enighet och disciplin.

À Rink Rapids, deux nouveaux huskies indigènes, Teek et Koona, nous ont rejoint.

Vid Rink Rapids anslöt sig två nya inhemska huskies, Teek och Koona.

La rapidité avec laquelle Buck les dressa étonna même François.

Bucks snabba träning av dem förvånade till och med François.

« Il n'y a jamais eu de chien comme ce Buck ! » s'écria-t-il avec stupéfaction.

"Aldrig har det funnits en sådan hund som den där Buck!" ropade han förvånat.

« Non, jamais ! Il vaut mille dollars, bon sang ! »

"Nej, aldrig! Han är värd tusen dollar, vid Gud!"

« Hein ? Qu'en dis-tu, Perrault ? » demanda-t-il avec fierté.

"Eh? Vad säger du, Perrault?" frågade han med stolthet.

Perrault hocha la tête en signe d'accord et vérifia ses notes.

Perrault nickade instämmande och kontrollerade sina anteckningar.

Nous sommes déjà en avance sur le calendrier et gagnons chaque jour davantage.

Vi ligger redan före schemat och vi blir fler för varje dag.

Le sentier était dur et lisse, sans neige fraîche.

Leden var hårt packad och slät, utan nysnö.

Le froid était constant, oscillant autour de cinquante degrés en dessous de zéro.

Kylan var ständig och svävade runt femtio minusgrader hela tiden.

Les hommes montaient et couraient à tour de rôle pour se réchauffer et gagner du temps.

Männen red och sprang turvis för att hålla sig varma och ta sig tid.

Les chiens couraient vite avec peu d'arrêts, poussant toujours vers l'avant.

Hundarna sprang snabbt med få stopp, alltid framåt.

La rivière Thirty Mile était en grande partie gelée et facile à traverser.

Thirty Mile-floden var mestadels frusen och lätt att resa över.

Ils sont sortis en un jour, ce qui leur avait pris dix jours pour venir.

De gav sig ut på en dag, vilket hade tagit tio dagar att komma in.

Ils ont parcouru une distance de soixante milles du lac Le Barge jusqu'à White Horse.

De sprang sextio mil från Lake Le Barge till White Horse.

À travers les lacs Marsh, Tagish et Bennett, ils se déplaçaient incroyablement vite.

Över Marsh-, Tagish- och Bennett-sjöarna rörde de sig otroligt snabbt.

L'homme qui courait était tiré derrière le traîneau par une corde.

Den löpande mannen bogserades bakom släden i ett rep.

La dernière nuit de la deuxième semaine, ils sont arrivés à destination.

På den sista natten i vecka två kom de fram till sin destination.

Ils avaient atteint ensemble le sommet du col White.

De hade nått toppen av White Pass tillsammans.

Ils sont descendus au niveau de la mer avec les lumières de Skaguay en dessous d'eux.

De sjönk ner till havsnivån med Skaguays ljus under sig.

Il s'agissait d'une course record à travers des kilomètres de nature froide et sauvage.

Det hade varit en rekordartad löprunda genom kilometervis av kall vildmark.

Pendant quatorze jours d'affilée, ils ont parcouru en moyenne quarante miles.

Fjorton dagar i sträck snittade de en stark sträcka på sextio kilometer.

À Skaguay, Perrault et François transportaient des marchandises à travers la ville.

I Skaguay flyttade Perrault och François last genom staden.

Ils ont été acclamés et ont reçu de nombreuses boissons de la part d'une foule admirative.

De blev hyllade och erbjöds många drinkar av beundrande folkmassor.

Les chasseurs de chiens et les ouvriers se sont rassemblés autour du célèbre attelage de chiens.

Hundjagare och arbetare samlades runt det berömda hundspannet.

Puis les hors-la-loi de l'Ouest arrivèrent en ville et subirent une violente défaite.

Sedan kom västerländska laglösa till staden och mötte ett
våldsamt nederlag.

**Les gens ont vite oublié l'équipe et se sont concentrés sur un
nouveau drame.**

Folket glömde snart laget och fokuserade på nytt drama.

**Puis sont arrivées les nouvelles commandes qui ont tout
changé d'un coup.**

Sedan kom de nya orderna som förändrade allt på en gång.

**François appela Buck à lui et le serra dans ses bras avec une
fierté larmoyante.**

François kallade på Buck och kramade honom med tårfylld
stolthet.

Ce moment fut la dernière fois que Buck revit François.

Det ögonblicket var sista gången Buck någonsin såg François
igen.

**Comme beaucoup d'hommes avant eux, François et Perrault
étaient tous deux partis.**

Liksom många män tidigare var både François och Perrault
borta.

**Un métis écossais a pris en charge Buck et ses coéquipiers de
chiens de traîneau.**

En skotsk halvblod tog hand om Buck och hans
slädhundskamrater.

**Avec une douzaine d'autres équipes de chiens, ils sont
retournés par le sentier jusqu'à Dawson.**

Med ett dussin andra hundspann återvände de längs leden till
Dawson.

**Ce n'était plus une course rapide, juste un travail pénible
avec une lourde charge chaque jour.**

Det var ingen snabb löprunda nu – bara hårt slit med en tung
lass varje dag.

**C'était le train postal qui apportait des nouvelles aux
chercheurs d'or près du pôle.**

Detta var posttåget som förde bud till guldjägare nära polen.

**Buck n'aimait pas le travail mais le supportait bien, étant
fier de ses efforts.**

Buck ogillade arbetet men bar det bra och var stolt över sin insats.

Comme Dave et Solleks, Buck a fait preuve de dévouement dans chaque tâche quotidienne.

Liksom Dave och Solleks visade Buck hängivenhet i varje daglig uppgift.

Il s'est assuré que chacun de ses coéquipiers fasse sa part du travail.

Han såg till att alla hans lagkamrater drog sin rättmätiga del.

La vie sur les sentiers est devenue ennuyeuse, répétée avec la précision d'une machine.

Livet på stigarna blev tråkigt, upprepat med en maskins precision.

Chaque jour était le même, un matin se fondant dans le suivant.

Varje dag kändes likadan, en morgon smälte samman med nästa.

À la même heure, les cuisiniers se levèrent pour allumer des feux et préparer la nourriture.

I samma timme reste sig kockarna för att göra upp eldar och tillaga mat.

Après le petit-déjeuner, certains quittèrent le camp tandis que d'autres attelèrent les chiens.

Efter frukost lämnade några lägret medan andra selade för hundarna.

Ils ont pris la route avant que le faible avertissement de l'aube ne touche le ciel.

De kom iväg innan den svaga gryningsvarningen nuddade himlen.

La nuit, ils s'arrêtaient pour camper, chaque homme ayant une tâche précise.

På natten stannade de för att slå läger, var och en man med en bestämd uppgift.

Certains ont monté les tentes, d'autres ont coupé du bois de chauffage et ramassé des branches de pin.

Några slog upp tälten, andra högg ved och samlade tallkvistar.

De l'eau ou de la glace étaient ramenées aux cuisiniers pour le repas du soir.

Vatten eller is bars tillbaka till kockarna för kvällsmåltiden.

Les chiens ont été nourris et c'était le meilleur moment de la journée pour eux.

Hundarna fick mat, och detta var den bästa delen av dagen för dem.

Après avoir mangé du poisson, les chiens se sont détendus et se sont allongés près du feu.

Efter att ha ätit fisk slappnade hundarna av och låg vid elden.

Il y avait une centaine d'autres chiens dans le convoi avec lesquels se mêler.

Det fanns hundra andra hundar i konvojen att mingla med.

Beaucoup de ces chiens étaient féroces et prompts à se battre sans prévenir.

Många av dessa hundar var vildsinta och snabba att slåss utan förvarning.

Mais après trois victoires, Buck a maîtrisé même les combattants les plus féroces.

Men efter tre segrar bemästrade Buck även de tuffaste kämparna.

Maintenant, quand Buck grogna et montra ses dents, ils s'écartèrent.

När Buck morrade och visade tänderna, klev de åt sidan.

Mais le plus beau dans tout ça, c'est que Buck aimait s'allonger près du feu de camp vacillant.

Kanske bäst av allt var att Buck älskade att ligga nära den fladdrande lägerelden.

Il s'accroupit, les pattes arrière repliées et les pattes avant tendues vers l'avant.

Han hukade sig med bakbenen indragna och frambenen sträckta framåt.

Sa tête était levée tandis qu'il cligna doucement des yeux devant les flammes rougeoyantes.

Hans huvud höjdes medan han blinkade mjukt mot de glödande lågorna.

Parfois, il se souvenait de la grande maison du juge Miller à Santa Clara.

Ibland mindes han domare Millers stora hus i Santa Clara.

Il pensait à la piscine en ciment, à Ysabel et au carlin appelé Toots.

Han tänkte på cementdammen, på Ysabel och mopsen som hette Toots.

Mais le plus souvent, il se souvenait du gourdin de l'homme au pull rouge.

Men oftare mindes han mannen med den röda tröjans klubba.

Il se souvenait de la mort de Curly et de sa bataille acharnée contre Spitz.

Han mindes Lockigs död och hans hårda kamp med Spitz.

Il se souvenait aussi des bons plats qu'il avait mangés ou dont il rêvait encore.

Han mindes också den goda maten han hade ätit eller fortfarande drömt om.

Buck n'avait pas le mal du pays : la vallée chaude était lointaine et irréelle.

Buck längtade inte hem – den varma dalen var avlägsen och overklig.

Les souvenirs de Californie n'avaient plus vraiment d'influence sur lui.

Minnena från Kalifornien hade inte längre någon egentlig dragningskraft på honom.

Plus forts que la mémoire étaient les instincts profondément ancrés dans sa lignée.

Starkare än minnet var instinkter djupt i hans blodslinje.

Les habitudes autrefois perdues étaient revenues, ravivées par le sentier et la nature sauvage.

Vanor som en gång varit förlorade hade återvänt, återupplivade av leden och vildmarken.

Tandis que Buck regardait la lumière du feu, cela devenait parfois autre chose.

När Buck tittade på eldskenet förvandlades det ibland till något annat.

Il vit à la lueur du feu un autre feu, plus vieux et plus profond que celui-ci.

Han såg i eldskenet en annan eld, äldre och djupare än den nuvarande.

À côté de cet autre feu se tenait accroupi un homme qui ne ressemblait pas au cuisinier métis.

Bredvid den andra elden hukade en man, olik den halvblodiga kocken.

Cette figurine avait des jambes courtes, de longs bras et des muscles durs et noués.

Denna figur hade korta ben, långa armar och hårda, knutna muskler.

Ses cheveux étaient longs et emmêlés, tombant en arrière à partir des yeux.

Hans hår var långt och tovigt och sluttade bakåt från ögonen.

Il émit des sons étranges et regarda l'obscurité avec peur.

Han gav ifrån sig konstiga ljud och stirrade skräckslagen ut i mörkret.

Il tenait une massue en pierre basse, fermement serrée dans sa longue main rugueuse.

Han höll en stenklubba lågt, hårt greppad i sin långa, grova hand.

L'homme portait peu de vêtements ; juste une peau carbonisée qui pendait dans son dos.

Mannen bar lite; bara en förkolnad hud som hängde nerför hans rygg.

Son corps était couvert de poils épais sur les bras, la poitrine et les cuisses.

Hans kropp var täckt av tjockt hår över armar, bröst och lår.

Certaines parties des cheveux étaient emmêlées en plaques de fourrure rugueuse.

Vissa delar av håret var trassligt till fläckar av grov päls.

Il ne se tenait pas droit mais penché en avant des hanches jusqu'aux genoux.

Han stod inte rak utan böjde sig framåt från höfterna till knäna.

Ses pas étaient élastiques et félins, comme s'il était toujours prêt à bondir.

Hans steg var fjädrande och kattlika, som om han alltid var redo att hoppa.

Il y avait une vive vigilance, comme s'il vivait dans une peur constante.

Det fanns en skarp vakenhet, som om han levde i ständig rädsla.

Cet homme ancien semblait s'attendre au danger, que le danger soit perçu ou non.

Denne forntida man tycktes förvänta sig fara, oavsett om faran sågs eller inte.

Parfois, l'homme poilu dormait près du feu, la tête entre les jambes.

Ibland sov den hårige mannen vid elden med huvudet mellan benen.

Ses coudes reposaient sur ses genoux, ses mains jointes au-dessus de sa tête.

Hans armbågar vilade på knäna, händerna knäppta ovanför huvudet.

Comme un chien, il utilisait ses bras velus pour se débarrasser de la pluie qui tombait.

Liksom en hund använde han sina håriga armar för att skjuta upp det fallande regnet.

Au-delà de la lumière du feu, Buck vit deux charbons jumeaux briller dans l'obscurité.

Bortom eldskenet såg Buck dubbla glödande kol i mörkret.

Toujours deux par deux, ils étaient les yeux des bêtes de proie traquantes.

Alltid två och två, var de ögonen på smygande rovdjur.

Il entendit des corps s'écraser à travers les broussailles et des bruits se faire entendre dans la nuit.

Han hörde kroppar krascha genom buskage och ljud som gjordes i natten.

Allongé sur la rive du Yukon, clignant des yeux, Buck rêvait près du feu.

Liggande på Yukons strand, blinkande, drömde Buck vid elden.

Les images et les sons de ce monde sauvage lui faisaient dresser les cheveux sur la tête.

Synerna och ljuden från den vilda världen fick honom att resa sig på håret.

La fourrure s'élevait le long de son dos, de ses épaules et de son cou.

Pälsen reste sig längs hans rygg, axlar och upp på hans nacke.

Il gémissait doucement ou émettait un grognement sourd au plus profond de sa poitrine.

Han gnällde mjukt eller morrade lågt djupt i bröstet.

Alors le cuisinier métis cria : « Hé, toi Buck, réveille-toi ! »

Sedan ropade halvblodskocken: "Hallå, din Buck, vakna!"

Le monde des rêves a disparu et la vraie vie est revenue aux yeux de Buck.

Drömvärlden försvann, och det verkliga livet återvände i Bucks ögon.

Il allait se lever, s'étirer et bâiller, comme s'il venait de se réveiller d'une sieste.

Han skulle gå upp, sträcka på sig och gäspa, som om han hade väckts från en tupplur.

Le voyage était difficile, avec le traîneau postal qui traînait derrière eux.

Resan var svår, med postsläden släpande efter dem.

Les lourdes charges et le travail pénible épuisaient les chiens à chaque longue journée.

Tunga bördor och hårt arbete slet ut hundarna varje lång dag.

Ils arrivèrent à Dawson maigres, fatigués et ayant besoin de plus d'une semaine de repos.

De anlände till Dawson tunna, trötta och i behov av över en veckas vila.

Mais seulement deux jours plus tard, ils repartaient sur le Yukon.

Men bara två dagar senare gav de sig ut nerför Yukonfloden igen.

Ils étaient chargés de lettres supplémentaires destinées au monde extérieur.

De var lastade med fler brev på väg till omvärlden.

Les chiens étaient épuisés et les hommes se plaignaient constamment.

Hundarna var utmattade och männen klagade ständigt.

La neige tombait tous les jours, ramollissant le sentier et ralentissant les traîneaux.

Snö föll varje dag, vilket mjukade upp leden och saktade ner slädarna.

Cela a rendu la traction plus difficile et a entraîné plus de traînée sur les patins.

Detta gjorde att löparna drog hårdare och fick mer motstånd.

Malgré cela, les pilotes étaient justes et se souciaient de leurs équipes.

Trots det var förarna rättvisa och brydde sig om sina team.

Chaque nuit, les chiens étaient nourris avant que les hommes ne puissent manger.

Varje kväll matades hundarna innan männen fick äta.

Aucun homme ne dormait avant de vérifier les pattes de son propre chien.

Ingen människa sov innan hon kontrollerat sin egen hunds fötter.

Cependant, les chiens s'affaiblissaient à mesure que les kilomètres s'écoulaient sur leur corps.

Ändå blev hundarna svagare allt eftersom milen gick på deras kroppar.

Ils avaient parcouru mille huit cents kilomètres pendant l'hiver.

De hade rest artonhundra mil under vintern.

Ils ont tiré des traîneaux sur chaque kilomètre de cette distance brutale.

De drog slädar över varenda mil av den brutala sträckan.

Même les chiens de traîneau les plus robustes ressentent de la tension après tant de kilomètres.

Även de tuffaste slädhundarna känner ansträngning efter så många mil.

Buck a tenu bon, a permis à son équipe de travailler et a maintenu la discipline.

Buck höll ut, höll sitt lag igång och upprätthöll disciplinen.

Mais Buck était fatigué, tout comme les autres pendant le long voyage.

Men Buck var trött, precis som de andra på den långa resan.

Billee gémissait et pleurait dans son sommeil chaque nuit sans faute.

Billee gnällde och grät i sömnen varje natt utan att misslyckas.

Joe devint encore plus amer et Solleks resta froid et distant.

Joe blev ännu mer bitter, och Solleks förblev kall och distanserad.

Mais c'est Dave qui a le plus souffert de toute l'équipe.

Men det var Dave som drabbades värst av hela laget.

Quelque chose n'allait pas en lui, même si personne ne savait quoi.

Något hade gått fel inom honom, fast ingen visste vad.

Il est devenu de plus en plus maussade et s'en est pris aux autres avec une colère croissante.

Han blev mer humörig och fräste åt andra med växande ilska.

Chaque nuit, il se rendait directement à son nid, attendant d'être nourri.

Varje natt gick han direkt till sitt bo och väntade på att få mat.

Une fois tombé, Dave ne s'est pas relevé avant le matin.

När han väl var nere, gick Dave inte upp igen förrän på morgonen.

Sur les rênes, des secousses ou des sursauts brusques le faisaient crier de douleur.

I tyglarna fick plötsliga ryck eller starter honom att skrika av smärta.

Son chauffeur a recherché la cause du sinistre, mais n'a constaté aucune blessure.

Hans förare sökte efter orsaken, men fann inga skador på honom.

Tous les conducteurs ont commencé à regarder Dave et ont discuté de son cas.

Alla förarna började titta på Dave och diskuterade hans fall.

Ils ont discuté pendant les repas et pendant leur dernière cigarette de la journée.

De pratade vid måltiderna och under sin sista rökning för dagen.

Une nuit, ils ont tenu une réunion et ont amené Dave au feu.

En kväll höll de ett möte och förde Dave till elden.

Ils pressèrent et sondèrent son corps, et il cria souvent.

De tryckte och undersökte hans kropp, och han grät ofta.

De toute évidence, quelque chose n'allait pas, même si aucun os ne semblait cassé.

Något var uppenbarligen fel, även om inga ben verkade brutna.

Au moment où ils atteignirent Cassiar Bar, Dave était en train de tomber.

När de kom fram till Cassiar Bar höll Dave på att falla omkull.

Le métis écossais a appelé à la fin et a retiré Dave de l'équipe.

Den skotske halvblodet lade stopp och tog bort Dave från laget.

Il a attaché Solleks à la place de Dave, le plus près de l'avant du traîneau.

Han fäste Solleks på Daves plats, närmast skoterns framdel.

Il avait l'intention de laisser Dave se reposer et courir librement derrière le traîneau en mouvement.

Han tänkte låta Dave vila och springa fritt bakom den rörliga släden.

Mais même malade, Dave détestait être privé du travail qu'il avait occupé.

Men även när han var sjuk hatade Dave att bli tagen från jobbet han hade haft.

Il grogna et gémit tandis que les rênes étaient retirées de son corps.

Han morrade och gnällde när tyglarna drogs från hans kropp.

Quand il vit Solleks à sa place, il pleura de douleur.

När han såg Solleks i sin plats grät han av förkrossad smärta.

La fierté du travail sur les sentiers était profonde chez Dave, même à l'approche de la mort.

Stoltheten över ledarbetet var djupt inom Dave, även när döden närmade sig.

Alors que le traîneau se déplaçait, Dave pataugeait dans la neige molle près du sentier.

Medan släden rörde sig, famlade Dave genom den mjuka snön nära leden.

Il a attaqué Solleks, le mordant et le poussant du côté du traîneau.

Han attackerade Solleks, bet och knuffade honom från slädens sida.

Dave a essayé de sauter dans le harnais et de récupérer sa place de travail.

Dave försökte hoppa in i selen och återta sin arbetsplats.

Il hurlait, gémissait et pleurait, déchiré entre la douleur et la fierté du travail.

Han skrek, gnällde och grät, sliten mellan smärta och stolthet över arbetet.

Le métis a utilisé son fouet pour essayer de chasser Dave de l'équipe.

Halvblodet använde sin piska för att försöka driva bort Dave från laget.

Mais Dave ignora le coup de fouet, et l'homme ne put pas le frapper plus fort.

Men Dave ignorerade piskslaget, och mannen kunde inte slå honom hårdare.

Dave a refusé le chemin le plus facile derrière le traîneau, où la neige était tassée.

Dave vägrade att ta den enklare vägen bakom släden, där snön var packad.

Au lieu de cela, il se débattait dans la neige profonde à côté du sentier, dans la misère.

Istället kämpade han i den djupa snön bredvid leden, i elände.

Finalement, Dave s'est effondré, allongé dans la neige et hurlant de douleur.

Så småningom kollapsade Dave, liggandes i snön och ylande av smärta.

Il cria tandis que le long train de traîneaux le dépassait un par un.

Han ropade till när det långa tåget av slädar passerade honom en efter en.

Pourtant, avec ce qu'il lui restait de force, il se leva et trébucha après eux.

Ändå, med den styrka som fanns kvar, reste han sig och stapplade efter dem.

Il l'a rattrapé lorsque le train s'est arrêté à nouveau et a retrouvé son vieux traîneau.

Han hann ikapp när tåget stannade igen och hittade sin gamla släde.

Il a dépassé les autres équipes et s'est retrouvé à nouveau aux côtés de Solleks.

Han famlade förbi de andra lagen och stod bredvid Solleks igen.

Alors que le conducteur s'arrêtait pour allumer sa pipe, Dave saisit sa dernière chance.

När föraren stannade för att tända sin pipa tog Dave sin sista chans.

Lorsque le chauffeur est revenu et a crié, l'équipe n'a pas avancé.

När föraren återvände och ropade, fortsatte teamet inte framåt.

Les chiens avaient tourné la tête, déconcertés par l'arrêt soudain.

Hundarna hade vridit på huvudet, förvirrade av det plötsliga stoppet.

Le conducteur était également choqué : le traîneau n'avait pas avancé d'un pouce.

Föraren blev också chockad – släden hade inte rört sig en centimeter framåt.

Il a appelé les autres pour qu'ils viennent voir ce qui s'était passé.

Han ropade på de andra att de skulle komma och se vad som hade hänt.

Dave avait mâché les rênes de Solleks, les brisant toutes les deux.

Dave hade tuggat igenom Solleks tyglar och brutit isär båda.

Il se tenait maintenant devant le traîneau, de retour à sa position légitime.

Nu stod han framför släden, tillbaka på sin rättmätiga plats.

Dave leva les yeux vers le conducteur, le suppliant silencieusement de rester dans les traces.

Dave tittade upp på föraren och bönföll tyst att få hålla sig i spåren.

Le conducteur était perplexe, ne sachant pas quoi faire pour le chien en difficulté.

Föraren var förbryllad och osäker på vad han skulle göra med den kämpande hunden.

Les autres hommes parlaient de chiens qui étaient morts après avoir été emmenés dehors.

De andra männen talade om hundar som hade dött av att bli uttagna.

Ils ont parlé de chiens âgés ou blessés dont le cœur se brisait lorsqu'ils étaient abandonnés.

De berättade om gamla eller skadade hundar vars hjärtan krossades när de lämnades kvar.

Ils ont convenu que c'était une preuve de miséricorde de laisser Dave mourir alors qu'il était encore dans son harnais.

De var överens om att det var barmhärtighet att låta Dave dö medan han fortfarande var i sin sele.

Il était attaché au traîneau et Dave tirait avec fierté.

Han var fastspänd på släden igen, och Dave drog med stolthet.

Même s'il criait parfois, il travaillait comme si la douleur pouvait être ignorée.

Även om han grät ibland, arbetade han som om smärta kunde ignoreras.

Plus d'une fois, il est tombé et a été traîné avant de se relever.

Mer än en gång föll han och släpades med innan han reste sig igen.

Un jour, le traîneau l'a écrasé et il a boité à partir de ce moment-là.

En gång rullade släden över honom, och han haltade från det ögonblicket.

Il travailla néanmoins jusqu'à ce qu'il atteigne le camp, puis s'allongea près du feu.

Ändå arbetade han tills han nådde lägret, och låg sedan vid elden.

Le matin, Dave était trop faible pour voyager ou même se tenir debout.

På morgonen var Dave för svag för att resa eller ens stå upprätt.

Au moment de l'attelage, il essaya d'atteindre son conducteur avec un effort tremblant.

Vid tiden för fastspänning försökte han med darrande ansträngning nå sin kusk.

Il se força à se relever, tituba et s'effondra sur le sol enneigé.

Han tvingade sig upp, vacklade och kollapsade ner på den snötäckta marken.

À l'aide de ses pattes avant, il a traîné son corps vers la zone de harnais.

Med hjälp av frambenen drog han sin kropp mot seleområdet.

Il s'avança, pouce par pouce, vers les chiens de travail.

Han hakade framåt, centimeter för centimeter, mot arbetshundarna.

Ses forces l'abandonnèrent, mais il continua d'avancer dans sa dernière poussée désespérée.

Hans styrkor tog slut, men han fortsatte i sin sista desperata ryck.

Ses coéquipiers l'ont vu haleter dans la neige, impatients de les rejoindre.

Hans lagkamrater såg honom kippande efter andan i snön, fortfarande längtande efter att få göra dem sällskap.

Ils l'entendirent hurler de tristesse alors qu'ils quittaient le camp.

De hörde honom yla av sorg när de lämnade lägret.

Alors que l'équipe disparaissait dans les arbres, le cri de Dave résonna derrière eux.

När teamet försvann in i träden ekade Daves rop bakom dem.

Le train de traîneaux s'est brièvement arrêté après avoir traversé un tronçon de forêt fluviale.

Slädtåget stannade kort efter att ha korsat en sträcka av flodskog.

Le métis écossais retourna lentement vers le camp situé derrière lui.

Den skotska halvblodet gick långsamt tillbaka mot lägret bakom.

Les hommes ont arrêté de parler quand ils l'ont vu quitter le train de traîneaux.

Männen slutade tala när de såg honom lämna slädtåget.

Puis un coup de feu retentit clairement et distinctement de l'autre côté du sentier.

Sedan ljöd ett enda pistolskott klart och skarpt över stigen.

L'homme revint rapidement et reprit sa place sans un mot.

Mannen återvände snabbt och intog sin plats utan ett ord.

Les fouets claquaient, les cloches tintaient et les traîneaux roulaient dans la neige.

Piskor sprakade, klockor klirrade och slädarna rullade vidare genom snön.

Mais Buck savait ce qui s'était passé, et tous les autres chiens aussi.

Men Buck visste vad som hade hänt – och det gjorde även alla andra hundar.

Le travail des rênes et du sentier
Tyglarnas och spårets möda

Trente jours après avoir quitté Dawson, le Salt Water Mail atteignit Skaguay.
Trettio dagar efter att ha lämnat Dawson nådde Salt Water Mail Skaguay.

Buck et ses coéquipiers ont pris la tête, arrivant dans un état pitoyable.
Buck och hans lagkamrater tog ledningen och anlände i ynkligt skick.

Buck était passé de cent quarante à cent quinze livres.
Buck hade gått ner från hundra fyrtio till hundra femton pund.

Les autres chiens, bien que plus petits, avaient perdu encore plus de poids.
De andra hundarna, även om de var mindre, hade gått ner ännu mer i vikt.

Pike, autrefois un faux boiteux, traînait désormais derrière lui une jambe véritablement blessée.
Pike, en gång en falsk haltare, släpade nu ett rejält skadat ben efter sig.

Solleks boitait beaucoup et Dub avait une omoplate déchirée.
Solleks haltade svårt, och Dub hade en vriden skulderblad.

Tous les chiens de l'équipe avaient mal aux pieds après des semaines passées sur le sentier gelé.
Varje hund i spannet hade ont i fötterna efter veckor på den frusna leden.

Ils n'avaient plus aucun ressort dans leurs pas, seulement un mouvement lent et traînant.
De hade ingen fjädring kvar i sina steg, bara långsamma, släpande rörelser.

Leurs pieds heurtent durement le sentier, chaque pas ajoutant plus de tension à leur corps.
Deras fötter träffade stigen hårt, och varje steg ökade belastningen på deras kroppar.

Ils n'étaient pas malades, seulement épuisés au-delà de toute guérison naturelle.

De var inte sjuka, bara uttömda till oförmåga att återhämta sig på naturlig väg.

Ce n'était pas la fatigue d'une dure journée, guérie par une nuit de repos.

Detta var inte trötthet från en hård dag, botad med en natts vila.

C'était un épuisement qui s'était construit lentement au fil de mois d'efforts épuisants.

Det var en utmattning som långsamt byggdes upp genom månader av slitsam ansträngning.

Il ne leur restait plus aucune force de réserve : ils avaient épuisé toutes leurs forces.

Ingen reservstyrka fanns kvar – de hade förbrukat varenda krona de hade.

Chaque muscle, chaque fibre et chaque cellule de leur corps étaient épuisés et usés.

Varje muskel, fiber och cell i deras kroppar var uttömd och sliten.

Et il y avait une raison : ils avaient parcouru deux mille cinq cents kilomètres.

Och det fanns en anledning – de hade tillryggalagt tjugofemhundra mil.

Ils ne s'étaient reposés que cinq jours au cours des mille huit cents derniers kilomètres.

De hade bara vilat fem dagar under de sista artonhundra milen.

Lorsqu'ils arrivèrent à Skaguay, ils semblaient à peine capables de se tenir debout.

När de nådde Skaguay såg det ut som om de knappt kunde stå upprätta.

Ils ont lutté pour garder les rênes serrées et rester devant le traîneau.

De kämpade för att hålla tyglarna spända och ligga steget före släden.

Dans les descentes, ils ont tout juste réussi à éviter d'être écrasés.

I nedförsbackar lyckades de bara undvika att bli överkörda.

« Continuez, pauvres pieds endoloris », dit le chauffeur tandis qu'ils boitaient.

"Marschera på, stackars ömma fötter", sa kusken medan de haltade fram.

« C'est la dernière ligne droite, après quoi nous aurons tous droit à un long repos, c'est sûr. »

"Det här är sista sträckan, sedan får vi alla en lång vila, helt klart."

« Un très long repos », promit-il en les regardant avancer en titubant.

"En riktigt lång vila", lovade han och såg dem stappla framåt.

Les pilotes s'attendaient à bénéficier d'une longue pause bien méritée.

Förarna förväntade sig att de nu skulle få en lång, välbehövlig paus.

Ils avaient parcouru douze cents milles avec seulement deux jours de repos.

De hade rest tolvhundra mil med bara två dagars vila.

Par souci d'équité et de raison, ils estimaient avoir mérité un temps de détente.

Av rättvisa och förnuftiga skäl kände de att de hade förtjänat tid att koppla av.

Mais trop de gens étaient venus au Klondike et trop peu étaient restés chez eux.

Men för många hade kommit till Klondike, och för få hade stannat hemma.

Les lettres des familles ont afflué, créant des piles de courrier en retard.

Brev från familjer strömmade in, vilket skapade högar av försenad post.

Les ordres officiels sont arrivés : de nouveaux chiens de la Baie d'Hudson allaient prendre le relais.

Officiella order anlände – nya hundar från Hudson Bay skulle ta över.

Les chiens épuisés, désormais considérés comme sans valeur, devaient être éliminés.

De utmattade hundarna, nu kallade värdelösa, skulle göras av med.

Comme l'argent comptait plus que les chiens, ils allaient être vendus à bas prix.

Eftersom pengar var viktigare än hundar, skulle de säljas billigt.

Trois jours supplémentaires passèrent avant que les chiens ne ressentent à quel point ils étaient faibles.

Tre dagar till gick innan hundarna kände hur svaga de var.

Le quatrième matin, deux hommes venus des États-Unis ont acheté toute l'équipe.

På den fjärde morgonen köpte två män från staterna hela laget.

La vente comprenait tous les chiens, ainsi que leur harnais usagé.

Försäljningen omfattade alla hundarna, plus deras begagnade seleutrustning.

Les hommes s'appelaient mutuellement « Hal » et « Charles » lorsqu'ils concluaient l'affaire.

Männen kallade varandra "Hal" och "Charles" när de slutförde affären.

Charles était d'âge moyen, pâle, avec des lèvres molles et des pointes de moustache féroces.

Charles var medelålders, blek, med slappa läppar och vildsint mustasch.

Hal était un jeune homme, peut-être âgé de dix-neuf ans, portant une ceinture bourrée de cartouches.

Hal var en ung man, kanske nitton, bar ett patronfyllt bälte.

La ceinture contenait un gros revolver et un couteau de chasse, tous deux inutilisés.

Bältet innehöll en stor revolver och en jaktkniv, båda oanvända.

Cela a montré à quel point il était inexpérimenté et inapte à la vie dans le Nord.

Det visade hur oerfaren och olämplig han var för livet i norr.

Aucun des deux hommes n'appartenait à la nature sauvage ; leur présence défiait toute raison.

Ingen av männen hörde hemma i vildmarken; deras närvaro trotsade allt förnuft.

Buck a regardé l'argent échanger des mains entre l'acheteur et l'agent.

Buck tittade på medan pengar utbyttes mellan köpare och mäklare.

Il savait que les conducteurs du train postal allaient le quitter comme les autres.

Han visste att postlokomotivförarna lämnade hans liv som alla andra.

Ils suivirent Perrault et François, désormais irrévocables.

De följde Perrault och François, nu bortom all återkallelse.

Buck et l'équipe ont été conduits dans le camp négligé de leurs nouveaux propriétaires.

Buck och teamet leddes till sina nya ägares slarviga läger.

La tente s'affaissait, la vaisselle était sale et tout était en désordre.

Tältet sänkte sig, disken var smutsig och allt låg i oordning.

Buck remarqua également une femme : Mercedes, la femme de Charles et la sœur de Hal.

Buck lade också märke till en kvinna där – Mercedes, Charles fru och Hals syster.

Ils formaient une famille complète, bien que loin d'être adaptée au sentier.

De utgjorde en komplett familj, men långt ifrån lämpade för leden.

Buck regarda nerveusement le trio commencer à emballer les fournitures.

Buck tittade nervöst på medan trion började packa förnödenheterna.

Ils ont travaillé dur mais sans ordre, juste du grabuge et des efforts gaspillés.

De arbetade hårt men utan ordning – bara ståhej och bortkastad ansträngning.

La tente a été roulée dans une forme volumineuse, beaucoup trop grande pour le traîneau.

Tältet var rullat ihop till en klumpig form, alldeles för stort för släden.

La vaisselle sale a été emballée sans avoir été nettoyée ni séchée du tout.

Smutsig disk packades utan att ha rengjorts eller torkats alls.

Mercedes voltigeait, parlant constamment, corrigeant et intervenant.

Mercedes fladdrade omkring, pratade, rättade och lade sig ständigt.

Lorsqu'un sac était placé à l'avant, elle insistait pour qu'il soit placé à l'arrière.

När en säck placerades på framsidan insisterade hon på att den skulle placeras på baksidan.

Elle a mis le sac au fond, et l'instant d'après, elle en avait besoin.

Hon packade säcken i botten, och i nästa ögonblick behövde hon den.

Le traîneau a donc été déballé à nouveau pour atteindre le sac spécifique.

Så packades släden upp igen för att nå den enda specifika väskan.

À proximité, trois hommes se tenaient devant une tente, observant la scène se dérouler.

I närheten stod tre män utanför ett tält och såg händelsen utspela sig.

Ils souriaient, faisaient des clins d'œil et souriaient à la confusion évidente des nouveaux arrivants.

De log, blinkade och flinade åt nykomlingarnas uppenbara förvirring.

« Vous avez déjà une charge très lourde », dit l'un des hommes.

"Du har redan en riktigt tung börda", sa en av männen.

« Je ne pense pas que tu devrais porter cette tente, mais c'est ton choix. »

"Jag tycker inte att du ska bära det där tältet, men det är ditt val."

« Inimaginable ! » s'écria Mercedes en levant les mains de désespoir.

"Odrömt!" ropade Mercedes och slog upp händerna i förtvivlan.

« Comment pourrais-je voyager sans une tente sous laquelle dormir ? »

"Hur skulle jag kunna resa utan ett tält att bo i?"

« C'est le printemps, vous ne verrez plus jamais de froid », répondit l'homme.

"Det är vår – du kommer inte att se kallt väder igen", svarade mannen.

Mais elle secoua la tête et ils continuèrent à empiler des objets sur le traîneau.

Men hon skakade på huvudet, och de fortsatte att stapla saker på släden.

La charge s'élevait dangereusement alors qu'ils ajoutaient les dernières choses.

Bården tornade upp sig farligt högt när de lade till de sista sakerna.

« Tu penses que le traîneau va rouler ? » demanda l'un des hommes avec un regard sceptique.

"Tror du att släden kommer att gå?" frågade en av männen med en skeptisk blick.

« Pourquoi pas ? » rétorqua Charles, vivement agacé.

"Varför skulle det inte?" fräste Charles tillbaka med skarp irritation.

« Oh, ce n'est pas grave », dit rapidement l'homme, s'éloignant de l'offense.

"Åh, det är okej", sa mannen snabbt och backade undan för att bli förolämpad.

« Je me demandais juste – ça me semblait un peu trop lourd. »

"Jag bara undrade – den såg bara lite för tung ut på toppen för mig."

Charles se détourna et attacha la charge du mieux qu'il put.

Charles vände sig bort och band fast lasten så gott han kunde.

Mais les attaches étaient lâches et l'emballage mal fait dans l'ensemble.

Men surrningarna var lösa och packningen dåligt utförd överlag.

« Bien sûr, les chiens tireront ça toute la journée », a dit un autre homme avec sarcasme.

"Visst, hundarna kommer att dra på det där hela dagen", sa en annan man sarkastiskt.

« Bien sûr », répondit froidement Hal en saisissant le long mât du traîneau.

"Självklart", svarade Hal kallt och grep tag i slädens långa gee-stång.

D'une main sur le poteau, il faisait tournoyer le fouet dans l'autre.

Med ena handen på stången svingade han piskan i den andra.

« Allons-y ! » cria-t-il. « Allez ! » exhortant les chiens à démarrer.

"Kom igen!" ropade han. "Flytta på dig!" och manade hundarna att sätta igång.

Les chiens se sont penchés sur le harnais et ont tendu pendant quelques instants.

Hundarna lutade sig in i selen och ansträngde sig i några ögonblick.

Puis ils s'arrêtèrent, incapables de déplacer d'un pouce le traîneau surchargé.

Sedan stannade de, oförmögna att röra den överlastade släden en centimeter.

« Ces brutes paresseuses ! » hurla Hal en levant le fouet pour les frapper.

"De lata odjuren!" skrek Hal och lyfte piskan för att slå dem.

Mais Mercedes s'est précipitée et a saisi le fouet des mains de Hal.

Men Mercedes rusade in och tog piskan ur Hals händer.

« Oh, Hal, n'ose pas leur faire de mal », s'écria-t-elle, alarmée.

"Åh, Hal, våga inte skada dem", ropade hon förskräckt.

« Promets-moi que tu seras gentil avec eux, sinon je n'irai pas plus loin. »

"Lova mig att du ska vara snäll mot dem, annars går jag inte ett steg längre."

« Tu ne connais rien aux chiens », lança Hal à sa sœur.

"Du vet ingenting om hundar", fräste Hal åt sin syster.

« Ils sont paresseux, et la seule façon de les déplacer est de les fouetter. »

"De är lata, och det enda sättet att flytta dem är att piska dem."

« Demandez à n'importe qui, demandez à l'un de ces hommes là-bas si vous doutez de moi. »

"Fråga vem som helst – fråga någon av de där männen där borta om du tvivlar på mig."

Mercedes regarda les spectateurs avec des yeux suppliants et pleins de larmes.

Mercedes tittade på åskådarna med bedjande, tårfyllda ögon.

Son visage montrait à quel point elle détestait la vue de la douleur.

Hennes ansikte visade hur djupt hon avskydde synen av all smärta.

« Ils sont faibles, c'est tout », dit un homme. « Ils sont épuisés. »

"De är svaga, det är allt", sa en man. "De är utmattade."

« Ils ont besoin de repos, ils ont travaillé trop longtemps sans pause. »

"De behöver vila – de har arbetat för länge utan paus."

« Que le repos soit maudit », murmura Hal, la lèvre retroussée.

"Må resten vara förbannad", muttrade Hal med krökt läpp.

Mercedes haleta, clairement peinée par ce mot grossier de sa part.

Mercedes kippade efter andan, tydligt smärtad av hans grova ord.

Pourtant, elle est restée loyale et a immédiatement défendu son frère.

Ändå förblev hon lojal och försvarade omedelbart sin bror.

« Ne fais pas attention à cet homme », dit-elle à Hal. « Ce sont nos chiens. »

"Bry dig inte om den mannen", sa hon till Hal. "De är våra hundar."

« Vous les conduisez comme bon vous semble, faites ce que vous pensez être juste. »

"Du kör dem som du tycker passar – gör vad du anser vara rätt."

Hal leva le fouet et frappa à nouveau les chiens sans pitié.

Hal höjde piskan och slog hundarna igen utan nåd.

Ils se sont précipités en avant, le corps bas, les pieds poussant dans la neige.

De kastade sig framåt, med kropparna lågt nedböjda och fötterna nedtryckta i snön.

Toutes leurs forces étaient utilisées pour tirer, mais le traîneau ne bougeait pas.

All deras kraft gick åt till att dra, men släden rörde sig inte.

Le traîneau est resté coincé, comme une ancre figée dans la neige tassée.

Kälken satt fast, som ett ankare som frusit fast i den packade snön.

Après un deuxième effort, les chiens s'arrêtèrent à nouveau, haletants.

Efter en andra ansträngning stannade hundarna igen, flåsande häftigt.

Hal leva à nouveau le fouet, juste au moment où Mercedes intervenait à nouveau.

Hal höjde piskan ännu en gång, just som Mercedes ingrep igen.

Elle tomba à genoux devant Buck et lui serra le cou.

Hon föll ner på knä framför Buck och kramade hans hals.

Les larmes lui montèrent aux yeux tandis qu'elle suppliait le chien épuisé.

Tårar fyllde hennes ögon när hon vädjade till den utmattade hunden.

« Pauvres chéris », dit-elle, « pourquoi ne tirez-vous pas plus fort ? »

"Ni stackars kära", sa hon, "varför drar ni inte bara hårdare?"

« Si tu tires, tu ne seras pas fouetté comme ça. »

"Om du drar, så slipper du bli piskad så här."

Buck n'aimait pas Mercedes, mais il était trop fatigué pour lui résister maintenant.

Buck ogillade Mercedes, men han var för trött för att göra motstånd mot henne nu.

Il accepta ses larmes comme une simple partie de cette journée misérable.

Han accepterade hennes tårar som bara ytterligare en del av den eländiga dagen.

L'un des hommes qui regardaient a finalement parlé après avoir retenu sa colère.

En av männen som tittade på talade äntligen efter att ha hållit tillbaka sin ilska.

« **Je me fiche de ce qui vous arrive, mais ces chiens comptent.** »

"Jag bryr mig inte om vad som händer med er, men de där hundarna spelar roll."

« **Si vous voulez aider, détachez ce traîneau, il est gelé dans la neige.** »

"Om du vill hjälpa till, bryt loss den där släden – den är fastfrusen."

« **Appuyez fort sur la perche, à droite et à gauche, et brisez le sceau de glace.** »

"Tryck hårt på isstången, till höger och vänster, och bryt istätningen."

Une troisième tentative a été faite, cette fois-ci suite à la suggestion de l'homme.

Ett tredje försök gjordes, den här gången efter mannens förslag.

Hal a balancé le traîneau d'un côté à l'autre, libérant les patins.

Hal gungade släden från sida till sida och lossade medarna.

Le traîneau, bien que surchargé et maladroit, a finalement fait un bond en avant.

Kälken, fastän överlastad och otymplig, ryckte slutligen framåt.

Buck et les autres tiraient sauvagement, poussés par une tempête de coups de fouet.

Buck och de andra drog vilt, drivna av en storm av pisksnärtskor.

Une centaine de mètres plus loin, le sentier courbait et descendait en pente dans la rue.

Hundra meter framåt slingrade sig stigen och sluttade ner i gatan.

Il aurait fallu un conducteur expérimenté pour maintenir le traîneau droit.

Det skulle ha krävts en skicklig förare för att hålla släden upprätt.

Hal n'était pas habile et le traîneau a basculé en tournant dans le virage.

Hal var inte skicklig, och släden tippade när den svängde runt kurvan.

Les sangles lâches ont cédé et la moitié de la charge s'est répandue sur la neige.

Lösa surrningar gav vika, och hälften av lasten spilldes ut på snön.

Les chiens ne s'arrêtèrent pas ; le traîneau le plus léger volait sur le côté.

Hundarna stannade inte; den lättare släden flög fram på sidan.

En colère à cause des mauvais traitements et du lourd fardeau, les chiens couraient plus vite.

Ilska över misshandeln och den tunga bördan sprang hundarna snabbare.

Buck, furieux, s'est mis à courir, suivi par l'équipe.

Buck, i raseri, började springa, med spannet efter.

Hal a crié « Whoa ! Whoa ! » mais l'équipe ne lui a pas prêté attention.

Hal ropade "Whoa! Whoa!" men teamet brydde sig inte om honom.

Il a trébuché, est tombé et a été traîné au sol par le harnais.

Han snubblade, föll och släpades längs marken i selen.

Le traîneau renversé l'a heurté tandis que les chiens couraient devant.

Den omkullvälta släden stötte över honom medan hundarna rusade vidare.

Le reste des fournitures est dispersé dans la rue animée de Skaguay.

Resten av förnödenheterna spreds över Skaguays livliga gata.

Des personnes au grand cœur se sont précipitées pour arrêter les chiens et rassembler le matériel.

Vänliga människor skyndade sig för att stoppa hundarna och samla ihop utrustningen.

Ils ont également donné des conseils, directs et pratiques, aux nouveaux voyageurs.

De gav också råd, raka och praktiska, till de nya resenärerna.

« Si vous voulez atteindre Dawson, prenez la moitié du chargement et doublez les chiens. »

"Om du vill nå Dawson, ta halva lasten och dubbla antalet hundar."

Hal, Charles et Mercedes écoutaient, mais sans enthousiasme.

Hal, Charles och Mercedes lyssnade, men inte med entusiasm.

Ils ont installé leur tente et ont commencé à trier leurs provisions.

De slog upp sitt tält och började sortera sina förnödenheter.

Des conserves sont sorties, ce qui a fait rire les spectateurs.

Ut kom konserver, vilket fick åskådarna att skratta högt.

« Des conserves sur le sentier ? Tu vas mourir de faim avant qu'elles ne fondent », a dit l'un d'eux.

"Konserver på leden? Du kommer att svälta innan det smälter", sa en av dem.

« Des couvertures d'hôtel ? Tu ferais mieux de toutes les jeter. »

"Hotellfiltar? Det är bättre att slänga ut dem alla."

« Laissez tomber la tente aussi, et personne ne fait la vaisselle ici. »

"Släng tältet också, så diskar ingen här."

« Tu crois que tu voyages dans un train Pullman avec des domestiques à bord ? »

"Tror du att du åker Pullman-tåg med tjänare ombord?"

Le processus a commencé : chaque objet inutile a été jeté de côté.

Processen började – varje onödigt föremål kastades åt sidan.

Mercedes a pleuré lorsque ses sacs ont été vidés sur le sol enneigé.

Mercedes grät när hennes väskor tömdes på den snötäckta marken.

Elle sanglotait sur chaque objet jeté, un par un, sans pause.

Hon snyftade över varje föremål som kastades ut, ett efter ett, utan uppehåll.

Elle jura de ne plus faire un pas de plus, même pas pendant dix Charles.

Hon svor att inte gå ett steg till – inte ens för tio karlar.

Elle a supplié chaque personne à proximité de la laisser garder ses objets précieux.

Hon bad alla i närheten att låta henne behålla sina dyrbara saker.

Finalement, elle s'essuya les yeux et commença à jeter même les vêtements essentiels.

Till slut torkade hon sig om ögonen och började slänga även viktiga kläder.

Une fois les siennes terminées, elle commença à vider les provisions des hommes.

När hon var klar med sina egna började hon tömma männens förnödenheter.

Comme un tourbillon, elle a déchiré les affaires de Charles et Hal.

Som en virvelvind slet hon sig igenom Charles och Hals tillhörigheter.

Même si la charge était réduite de moitié, elle était encore bien plus lourde que nécessaire.

Även om lasten halverades var den fortfarande mycket tyngre än vad som behövdes.

Cette nuit-là, Charles et Hal sont sortis et ont acheté six nouveaux chiens.

Den kvällen gick Charles och Hal ut och köpte sex nya hundar.

Ces nouveaux chiens ont rejoint les six originaux, plus Teek et Koona.

Dessa nya hundar anslöt sig till de ursprungliga sex, plus Teek och Koona.

Ensemble, ils formaient une équipe de quatorze chiens attelés au traîneau.

Tillsammans bildade de ett spann på fjorton hundar spända för släden.

Mais les nouveaux chiens n'étaient pas aptes et mal entraînés au travail en traîneau.

Men de nya hundarna var olämpliga och dåligt tränade för slädarbete.

Trois des chiens étaient des pointeurs à poil court et un était un Terre-Neuve.

Tre av hundarna var korthåriga pointers, och en var en newfoundland.

Les deux derniers chiens étaient des bâtards sans race ni objectif clairement définis.

De två sista hundarna var muttar utan någon tydlig ras eller syfte alls.

Ils n'ont pas compris le sentier et ne l'ont pas appris rapidement.

De förstod inte leden, och de lärde sig den inte snabbt.

Buck et ses compagnons les regardaient avec mépris et une profonde irritation.

Buck och hans kamrater iakttog dem med hån och djup irritation.

Bien que Buck leur ait appris ce qu'il ne fallait pas faire, il ne pouvait pas leur enseigner le devoir.

Även om Buck lärde dem vad de inte skulle göra, kunde han inte lära dem plikt.

Ils n'ont pas bien supporté la vie sur les sentiers ni la traction des rênes et des traîneaux.

De trivdes inte med livet på spåren eller dragandet i tyglar och slädar.

Seuls les bâtards essayaient de s'adapter, et même eux manquaient d'esprit combatif.

Endast blandraserna försökte anpassa sig, och även de saknade kampanda.

Les autres chiens étaient confus, affaiblis et brisés par leur nouvelle vie.

De andra hundarna var förvirrade, försvagade och trasiga av sitt nya liv.

Les nouveaux chiens étant désemparés et les anciens épuisés, l'espoir était mince.

Med de nya hundarna utan aning och de gamla utmattade var hoppet tunt.

L'équipe de Buck avait parcouru deux mille cinq cents kilomètres de sentiers difficiles.

Bucks team hade tillryggalagt tjugofemhundra mil av karg stig.

Pourtant, les deux hommes étaient joyeux et fiers de leur grande équipe de chiens.

Ändå var de två männen glada och stolta över sitt stora hundspann.

Ils pensaient voyager avec style, avec quatorze chiens attelés.

De tyckte att de reste med stil, med fjorton hundar kopplade.

Ils avaient vu des traîneaux partir pour Dawson, et d'autres en arriver.

De hade sett slädar avgå till Dawson, och andra anlända därifrån.

Mais ils n'en avaient jamais vu un tiré par quatorze chiens.

Men aldrig hade de sett en dragen av så många som fjorton hundar.

Il y avait une raison pour laquelle de telles équipes étaient rares dans la nature sauvage de l'Arctique.

Det fanns en anledning till att sådana lag var sällsynta i den arktiska vildmarken.

Aucun traîneau ne pouvait transporter suffisamment de nourriture pour nourrir quatorze chiens pendant le voyage.

Ingen släde kunde bära tillräckligt med mat för att föda fjorton hundar under resan.

Mais Charles et Hal ne le savaient pas : ils avaient fait le calcul.

Men Charles och Hal visste inte det – de hade räknat ut det.

Ils ont planifié la nourriture : tant par chien, tant de jours, et c'est fait.

De skrev ut maten med blyertspenna: så mycket per hund, så många dagar, klart.

Mercedes regarda leurs chiffres et hocha la tête comme si cela avait du sens.

Mercedes tittade på deras siffror och nickade som om det lät logiskt.

Tout cela lui semblait très simple, du moins sur le papier.

Allt verkade väldigt enkelt för henne, åtminstone på pappret.

Le lendemain matin, Buck conduisit lentement l'équipe dans la rue enneigée.

Nästa morgon ledde Buck teamet långsamt uppför den snötäckta gatan.

Il n'y avait aucune énergie ni aucun esprit en lui ou chez les chiens derrière lui.

Det fanns ingen energi eller anda i honom eller hundarna bakom honom.

Ils étaient épuisés dès le départ, il n'y avait plus de réserve.

De var dödströtta från början – det fanns ingen reserv kvar.

Buck avait déjà effectué quatre voyages entre Salt Water et Dawson.

Buck hade redan gjort fyra resor mellan Salt Water och Dawson.

Maintenant, confronté à nouveau à la même épreuve, il ne ressentait que de l'amertume.

Nu, inför samma spår igen, kände han inget annat än bitterhet.

Son cœur n'y était pas, ni celui des autres chiens.

Hans hjärta var inte med i det, och inte heller de andra hundarnas hjärtan.

Les nouveaux chiens étaient timides et les huskies manquaient totalement de confiance.

De nya hundarna var blyga, och huskyerna saknade all förtroende.

Buck sentait qu'il ne pouvait pas compter sur ces deux hommes ou sur leur sœur.

Buck kände att han inte kunde lita på dessa två män eller deras syster.

Ils ne savaient rien et ne montraient aucun signe d'apprentissage sur le sentier.

De visste ingenting och visade inga tecken på att ha lärt sig under resans gång.

Ils étaient désorganisés et manquaient de tout sens de la discipline.

De var oorganiserade och saknade all disciplin.

Il leur fallait à chaque fois la moitié de la nuit pour monter un campement bâclé.

Det tog dem halva natten att slå upp ett slarvigt läger varje gång.

Et ils passèrent la moitié de la matinée suivante à tâtonner à nouveau avec le traîneau.

Och halva nästa morgon tillbringade de med att fumla med släden igen.

À midi, ils s'arrêtaient souvent juste pour réparer la charge inégale.

Vid middagstid stannade de ofta bara för att laga den ojämna lasten.

Certains jours, ils parcouraient moins de dix milles au total.

Vissa dagar reste de mindre än tio mil totalt.

D'autres jours, ils ne parvenaient pas du tout à quitter le camp.

Andra dagar lyckades de inte lämna lägret alls.

Ils n'ont jamais réussi à couvrir la distance alimentaire prévue.

De kom aldrig i närheten av att täcka den planerade matdistansen.

Comme prévu, ils ont très vite manqué de nourriture pour les chiens.

Som väntat fick de snabbt ont om mat till hundarna.

Ils ont aggravé la situation en les suralimentant au début.

De förvärrade saken genom att övermata dem i början.

À chaque ration négligée, la famine se rapprochait.

Detta förde svälten närmare med varje slarvig ranson.

Les nouveaux chiens n'avaient pas appris à survivre avec très peu.

De nya hundarna hade inte lärt sig att överleva på särskilt lite.

Ils mangeaient avec faim, avec un appétit trop grand pour le sentier.

De åt hungrigt, med aptit för stor för leden.

Voyant les chiens s'affaiblir, Hal pensait que la nourriture n'était pas suffisante.

När Hal såg hundarna försvagas trodde han att maten inte räckte till.

Il a doublé les rations, rendant l'erreur encore pire.

Han fördubblade ransonerna, vilket gjorde misstaget ännu värre.

Mercedes a aggravé le problème avec ses larmes et ses douces supplications.

Mercedes förvärrade problemet med tårar och mjuka vädjanden.

Comme elle n'arrivait pas à convaincre Hal, elle nourrissait les chiens en secret.

När hon inte kunde övertyga Hal, matade hon hundarna i hemlighet.

Elle a volé des sacs de poissons et les leur a donnés dans son dos.

Hon stal från fisksäckarna och gav det till dem bakom hans rygg.

Mais ce dont les chiens avaient réellement besoin, ce n'était pas de plus de nourriture, mais de repos.

Men vad hundarna verkligen behövde var inte mer mat – det var vila.

Ils progressaient mal, mais le lourd traîneau continuait à avancer.

De hade dålig tid, men den tunga släden släpade sig fortfarande framåt.

Ce poids à lui seul épuisait chaque jour leurs forces restantes.

Bara den vikten tömde deras återstående styrka varje dag.

Puis vint l'étape de la sous-alimentation, les réserves s'épuisant.

Sedan kom stadiet av undernäring när tillgångarna började ta slut.

Un matin, Hal s'est rendu compte que la moitié de la nourriture pour chien avait déjà disparu.

Hal insåg en morgon att hälften av hundmaten redan var slut.

Ils n'avaient parcouru qu'un quart de la distance totale du sentier.

De hade bara tillryggalagt en fjärdedel av den totala sträckan.

On ne pouvait plus acheter de nourriture, quel que soit le prix proposé.

Ingen mer mat kunde köpas, oavsett vilket pris som erbjöds.

Il a réduit les portions des chiens en dessous de la ration quotidienne standard.

Han minskade hundarnas portioner under den vanliga dagliga ransonen.

Dans le même temps, il a exigé des voyages plus longs pour compenser la perte.

Samtidigt krävde han längre resor för att kompensera för förlusten.

Mercedes et Charles ont soutenu ce plan, mais ont échoué dans son exécution.

Mercedes och Charles stödde denna plan, men misslyckades med genomförandet.

Leur lourd traîneau et leur manque de compétences rendaient la progression presque impossible.

Deras tunga släde och brist på skicklighet gjorde framsteg nästan omöjliga.

Il était facile de donner moins de nourriture, mais impossible de forcer plus d'efforts.

Det var lätt att ge mindre mat, men omöjligt att tvinga fram mer ansträngning.

Ils ne pouvaient pas commencer plus tôt, ni voyager pendant des heures supplémentaires.

De kunde inte börja tidigt, och de kunde inte heller resa i extra timmar.

Ils ne savaient pas comment travailler les chiens, ni eux-mêmes d'ailleurs.

De visste inte hur man skulle arbeta med hundarna, och inte heller sig själva för den delen.

Le premier chien à mourir était Dub, le voleur malchanceux mais travailleur.

Den första hunden som dog var Dub, den olycklige men hårt arbetande tjuven.

Bien que souvent puni, Dub avait fait sa part sans se plaindre.

Även om Dub ofta blev straffad, hade han klarat sitt strå utan att klaga.

Son épaule blessée s'est aggravée sans qu'il soit nécessaire de prendre soin de lui et de se reposer.

Hans skadade axel förvärrades utan vård eller behövde vila.

Finalement, Hal a utilisé le revolver pour mettre fin aux souffrances de Dub.

Slutligen använde Hal revolvern för att få slut på Dubs lidande.

Un dicton courant dit que les chiens normaux meurent à cause des rations de husky.

Ett vanligt talesätt hävdade att vanliga hundar dör på huskyransoner.

Les six nouveaux compagnons de Buck n'avaient que la moitié de la part de nourriture du husky.

Bucks sex nya följeslagare fick bara hälften av huskyens andel av mat.

Le Terre-Neuve est mort en premier, puis les trois braques à poil court.

Newfoundländaren dog först, sedan de tre korthåriga
pointerarna.

**Les deux bâtards résistèrent plus longtemps mais finirent
par périr comme les autres.**

De två blandraserna höll ut längre men omkom slutligen
liksom de andra.

**À cette époque, toutes les commodités et la douceur du
Southland avaient disparu.**

Vid det här laget var alla bekvämligheter och den vänliga
atmosfären i Southland borta.

**Les trois personnes avaient perdu les dernières traces de leur
éducation civilisée.**

De tre personerna hade lagt de sista spåren av sin civiliserade
uppväxt ifrån sig.

**Dépouillé de glamour et de romantisme, le voyage dans
l'Arctique est devenu brutalement réel.**

Utan glamour och romantik blev resor i Arktis brutalt
verkliga.

**C'était une réalité trop dure pour leur sens de la virilité et de
la féminité.**

Det var en verklighet som var alltför hård för deras känsla av
manlighet och kvinnlighet.

**Mercedes ne pleurait plus pour les chiens, mais maintenant
elle pleurait seulement pour elle-même.**

Mercedes grät inte längre över hundarna, utan grät nu bara
över sig själv.

**Elle passait son temps à pleurer et à se disputer avec Hal et
Charles.**

Hon tillbringade sin tid med att gråta och gräla med Hal och
Charles.

**Se disputer était la seule chose qu'ils n'étaient jamais trop
fatigués de faire.**

Att gräla var det enda de aldrig var för trötta för att göra.

**Leur irritabilité provenait de la misère, grandissait avec elle
et la surpassait.**

Deras irritabilitet kom från eländet, växte med det och
överträffade det.

La patience du sentier, connue de ceux qui peinent et
souffrent avec bienveillance, n'est jamais venue.

Tålamodet på stigen, känt för dem som sliter och lider vänligt,
kom aldrig.

Cette patience, qui garde la parole douce malgré la douleur,
leur était inconnue.

Det tålamod, som håller talet sött trots smärta, var okänt för
dem.

Ils n'avaient aucune trace de patience, aucune force tirée de
la souffrance avec grâce.

De hade ingen tillstymmelse till tålamod, ingen styrka hämtad
från lidande med nåd.

Ils étaient raides de douleur : leurs muscles, leurs os et leur
cœur étaient douloureux.

De var stela av smärta – värkande i muskler, ben och hjärtan.

À cause de cela, ils devinrent acerbes et prompts à prononcer
des paroles dures.

På grund av detta blev de skarpa i tungan och snabba med
hårda ord.

Chaque jour commençait et se terminait par des voix en
colère et des plaintes amères.

Varje dag började och slutade med ilskna röster och bittra
klagomål.

Charles et Hal se disputaient chaque fois que Mercedes leur
en donnait l'occasion.

Charles och Hal bråkade närhelst Mercedes gav dem en chans.

Chaque homme estimait avoir fait plus que sa juste part du
travail.

Varje man trodde att han gjorde mer än sin rättmätiga del av
arbetet.

Aucun des deux n'a jamais manqué une occasion de le dire,
encore et encore.

Ingen av dem missade någonsin en chans att säga det, om och
om igen.

Parfois, Mercedes se rangeait du côté de Charles, parfois du
côté de Hal.

Ibland ställde Mercedes sig på Charles sida, ibland på Hals sida.

Cela a conduit à une grande et interminable querelle entre les trois.

Detta ledde till ett storslaget och oändligt gräl mellan de tre.

Une dispute sur la question de savoir qui devait couper le bois de chauffage est devenue incontrôlable.

En tvist om vem som skulle hugga ved växte överstyr.

Bientôt, les pères, les mères, les cousins et les parents décédés ont été nommés.

Snart namngavs fäder, mödrar, kusiner och avlidna släktingar.

Les opinions de Hal sur l'art ou les pièces de son oncle sont devenues partie intégrante du combat.

Hals åsikter om konst eller hans farbrors pjäser blev en del av kampen.

Les convictions politiques de Charles sont également entrées dans le débat.

Charles politiska övertygelser kom också in i debatten.

Pour Mercedes, même les ragots de la sœur de son mari semblaient pertinents.

För Mercedes verkade till och med hennes mans systers skvaller relevanta.

Elle a exprimé son opinion sur ce sujet et sur de nombreux défauts de la famille de Charles.

Hon luftade åsikter om det och om många av Charles familjs brister.

Pendant qu'ils se disputaient, le feu restait éteint et le camp à moitié monté.

Medan de grälade förblev elden släckt och lägret halvfärdigt.

Pendant ce temps, les chiens restaient froids et sans nourriture.

Under tiden förblev hundarna kalla och utan mat.

Mercedes avait un grief qu'elle considérait comme profondément personnel.

Mercedes hade ett klagomål som hon ansåg vara djupt personligt.

Elle se sentait maltraitée en tant que femme, privée de ses doux privilèges.

Hon kände sig illa behandlad som kvinna, nekad sina vänliga privilegier.

Elle était jolie et douce, et habituée à la chevalerie toute sa vie.

Hon var vacker och mjuk, och van vid ridderlighet hela sitt liv.

Mais son mari et son frère la traitaient désormais avec impatience.

Men hennes man och bror behandlade henne nu med otålighet.

Elle avait pour habitude d'agir comme si elle était impuissante, et ils commencèrent à se plaindre.

Hennes vana var att bete sig hjälplös, och de började klaga.

Offensée par cela, elle leur rendit la vie encore plus difficile.

Kränkt av detta gjorde hon deras liv ännu svårare.

Elle a ignoré les chiens et a insisté pour conduire elle-même le traîneau.

Hon ignorerade hundarna och insisterade på att åka släde själv.

Bien que légère en apparence, elle pesait cent vingt livres.

Även om hon var lätt till utseendet vägde hon 45 kilo.

Ce fardeau supplémentaire était trop lourd pour les chiens affamés et faibles.

Den extra bördan var för mycket för de svältande, svaga hundarna.

Elle a continué à monter pendant des jours, jusqu'à ce que les chiens s'effondrent sous les rênes.

Ändå red hon i dagar, tills hundarna kollapsade i tyglarna.

Le traîneau s'arrêta et Charles et Hal la supplièrent de marcher.

Släden stod stilla, och Charles och Hal bad henne att gå.

Ils la supplièrent et la supplièrent, mais elle pleura et les traita de cruels.

De vädjade och bönföll, men hon grät och kallade dem grymma.

À une occasion, ils l'ont tirée du traîneau avec force et colère.
Vid ett tillfälle drog de henne av släden med ren kraft och ilska.
Ils n'ont plus jamais essayé après ce qui s'est passé cette fois-là.
De försökte aldrig igen efter det som hände den gången.
Elle devint molle comme un enfant gâté et s'assit dans la neige.
Hon slapp som ett bortskämt barn och satte sig i snön.
Ils continuèrent leur chemin, mais elle refusa de se lever ou de les suivre.
De gick vidare, men hon vägrade att resa sig eller följa efter.
Après trois milles, ils s'arrêtèrent, revinrent et la ramenèrent.
Efter tre mil stannade de, återvände och bar henne tillbaka.
Ils l'ont rechargée sur le traîneau, en utilisant encore une fois la force brute.
De lastade henne om på släden, återigen med råstyrka.
Dans leur profonde misère, ils étaient insensibles à la souffrance des chiens.
I sin djupa elände var de okänsliga för hundarnas lidande.
Hal croyait qu'il fallait s'endurcir et il a imposé cette croyance aux autres.
Hal trodde att man måste förhärdas och tvingade den tron på andra.
Il a d'abord essayé de prêcher sa philosophie à sa sœur
Han försökte först predika sin filosofi för sin syster
et puis, sans succès, il prêcha à son beau-frère.
och sedan, utan framgång, predikade han för sin svåger.
Il a eu plus de succès avec les chiens, mais seulement parce qu'il leur a fait du mal.
Han hade större framgång med hundarna, men bara för att han skadade dem.
Chez Five Fingers, la nourriture pour chiens est complètement épuisée.
På Five Fingers tog hundmaten slut helt.
Une vieille squaw édentée a vendu quelques kilos de peau de cheval congelée

En tandlös gammal squat sålde några kilo fryst hästskinn

Hal a échangé son revolver contre la peau de cheval séchée.

Hal bytte sin revolver mot det torkade hästskinnet.

La viande provenait de chevaux affamés d'éleveurs de bétail des mois auparavant.

Köttet hade kommit från svältande hästar eller boskapsuppfödare månader tidigare.

Gelée, la peau était comme du fer galvanisé ; dure et immangeable.

Fryst var huden som galvaniserat järn; seg och oätlig.

Les chiens devaient mâcher la peau sans fin pour la manger.

Hundarna var tvungna att tugga oavbrutet på skinnet för att äta det.

Mais les cordes en cuir et les cheveux courts n'étaient guère une nourriture.

Men de läderartade strängarna och det korta håret var knappast näring.

La majeure partie de la peau était irritante et ne constituait pas véritablement de la nourriture.

Det mesta av huden var irriterande, och inte mat i någon egentlig bemärkelse.

Et pendant tout ce temps, Buck titubait en tête, comme dans un cauchemar.

Och genom alltihop stapplade Buck framme, som i en mardröm.

Il tirait quand il le pouvait ; quand il ne le pouvait pas, il restait allongé jusqu'à ce qu'un fouet ou un gourdin le relève.

Han drog när han kunde; när han inte kunde, låg han kvar tills piska eller klubba lyfte honom.

Son pelage fin et brillant avait perdu toute sa rigidité et son éclat d'autrefois.

Hans fina, glansiga päls hade förlorat all stelhet och glans den en gång haft.

Ses cheveux pendaient, mous, en bataille et coagulés par le sang séché des coups.

Hans hår hängde slappt, släpigt och koagulerat av torkat blod från slagen.

Ses muscles se sont réduits à l'état de cordes et ses coussinets de chair étaient tous usés.

Hans muskler krympte till strängar, och hans köttytor var alla slitna bort.

Chaque côte, chaque os apparaissait clairement à travers les plis de la peau ridée.

Varje revben, varje ben syntes tydligt genom vecken av rynkig hud.

C'était déchirant, mais le cœur de Buck ne pouvait pas se briser.

Det var hjärtskärande, men Bucks hjärta kunde inte krossas.

L'homme au pull rouge avait testé cela et l'avait prouvé il y a longtemps.

Mannen i den röda tröjan hade testat det och bevisat det för länge sedan.

Comme ce fut le cas pour Buck, ce fut le cas pour tous ses coéquipiers restants.

Som det var med Buck, så var det med alla hans återstående lagkamrater.

Il y en avait sept au total, chacun étant un squelette ambulant de misère.

Det var sju totalt, var och en ett vandrande skelett av elände.

Ils étaient devenus insensibles au fouet, ne ressentant qu'une douleur lointaine.

De hade blivit avdomnade för att kunna piska och kände bara avlägsen smärta.

Même la vue et le son leur parvenaient faiblement, comme à travers un épais brouillard.

Till och med syn och ljud nådde dem svagt, som genom en tjock dimma.

Ils n'étaient pas à moitié vivants : c'étaient des os avec de faibles étincelles à l'intérieur.

De var inte halvt levande – de var ben med svaga gnistor inuti.

Lorsqu'ils s'arrêtèrent, ils s'effondrèrent comme des cadavres, leurs étincelles presque éteintes.

När de stannade kollapsade de som lik, deras gnistor nästan borta.

Et lorsque le fouet ou le gourdin frappaient à nouveau, les étincelles voltigeaient faiblement.

Och när piskan eller klubban slog till igen, fladdrade gnistorna svagt.

Puis ils se levèrent, titubèrent en avant et traînèrent leurs membres en avant.

Sedan reste de sig, stapplade framåt och släpade sina lemmar framåt.

Un jour, le gentil Billee tomba et ne put plus se relever du tout.

En dag föll den snälle Billee och kunde inte längre resa sig alls.

Hal avait échangé son revolver, alors il a utilisé une hache pour tuer Billee à la place.

Hal hade bytt bort sin revolver, så han använde en yxa för att döda Billee istället.

Il le frappa à la tête, puis lui coupa le corps et le traîna.

Han slog honom i huvudet, skar sedan loss hans kropp och släpade bort den.

Buck vit cela, et les autres aussi ; ils savaient que la mort était proche.

Buck såg detta, och det gjorde även de andra; de visste att döden var nära.

Le lendemain, Koona partit, ne laissant que cinq chiens dans l'équipe affamée.

Nästa dag åkte Koona och lämnade bara fem hundar i det svältande spannet.

Joe, qui n'était plus méchant, était trop loin pour se rendre compte de quoi que ce soit.

Joe, inte längre elak, var för långt borta för att vara medveten om särskilt mycket alls.

Pike, ne faisant plus semblant d'être blessé, était à peine conscient.

Pike, som inte längre fejkade sin skada, var knappt medveten.

Solleks, toujours fidèle, se lamentait de ne plus avoir de force à donner.

Solleks, fortfarande trogen, sörjde att han inte hade någon styrka att ge.

Teek a été le plus battu parce qu'il était plus frais, mais qu'il s'estompait rapidement.

Teek blev mest slagen för att han var fräschare, men tynade bort snabbt.

Et Buck, toujours en tête, ne maintenait plus l'ordre ni ne le faisait respecter.

Och Buck, fortfarande i ledningen, höll inte längre ordningen eller upprätthöll den.

À moitié aveugle à cause de sa faiblesse, Buck suivit la piste au toucher seul.

Halvblind av svaghet följde Buck spåret ensam på känslan.

C'était un beau temps printanier, mais aucun d'entre eux ne l'a remarqué.

Det var vackert vårväder, men ingen av dem märkte det.

Chaque jour, le soleil se levait plus tôt et se couchait plus tard qu'avant.

Varje dag gick solen upp tidigare och ner senare än tidigare.

À trois heures du matin, l'aube était arrivée ; le crépuscule durait jusqu'à neuf heures.

Vid tre på morgonen hade gryningen kommit; skymningen varade till nio.

Les longues journées étaient remplies du plein soleil printanier.

De långa dagarna var fyllda av vårsolens fulla strålar.

Le silence fantomatique de l'hiver s'était transformé en un murmure chaleureux.

Vinterns spöklika tystnad hade förvandlats till ett varmt sorl.

Toute la terre s'éveillait, animée par la joie des êtres vivants.

Hela landet vaknade, levande av glädjen över levande varelser.

Le bruit provenait de ce qui était resté mort et immobile pendant l'hiver.

Ljudet kom från det som hade legat dött och stilla genom vintern.

Maintenant, ces choses bougeaient à nouveau, secouant le long sommeil de gel.

Nu rörde sig de där sakerna igen och skakade av sig den långa frostsömnen.

La sève montait à travers les troncs sombres des pins en attente.

Sav steg upp genom de mörka stammarna på de väntande tallarna.

Les saules et les trembles font apparaître de jeunes bourgeons brillants sur chaque brindille.

Pil och aspar slår ut ljusa unga knoppar på varje kvist.

Les arbustes et les vignes se parent d'un vert frais tandis que les bois prennent vie.

Buskar och vinrankor fick frisk grönska när skogen vaknade till liv.

Les grillons chantaient la nuit et les insectes rampaient au soleil.

Syrsor kvittrade på natten, och insekter kröp i dagsljussolen.

Les perdrix résonnaient et les pics frappaient profondément dans les arbres.

Rapphöns dundrade, och hackspettar knackade djupt uppe i träden.

Les écureuils bavardaient, les oiseaux chantaient et les oies klaxonnaient au-dessus des chiens.

Ekorrar kvittrade, fåglar sjöng och gäss tutade över hundarna.

Les oiseaux sauvages arrivaient en groupes serrés, volant vers le haut depuis le sud.

Vildfåglarna kom i vassa flockar, flygande upp från söder.

De chaque colline venait la musique des ruisseaux cachés et impétueux.

Från varje sluttning hördes musiken från dolda, forsande bäckar.

Toutes choses ont dégelé et se sont brisées, se sont pliées et ont repris leur mouvement.

Allt tinade och brast av, böjde sig och började röra sig igen.

Le Yukon s'efforçait de briser les chaînes de froid de la glace gelée.

Yukon ansträngde sig för att bryta den frusna isens kalla kedjor.

La glace fondait en dessous, tandis que le soleil la faisait fondre par le dessus.

Isen smälte under, medan solen smälte den ovanifrån.

Des trous d'aération se sont ouverts, des fissures se sont propagées et des morceaux sont tombés dans la rivière.

Lufthål öppnades, sprickor spred sig och bitar föll ner i floden.

Au milieu de toute cette vie débordante et flamboyante, les voyageurs titubaient.

Mitt i allt detta sprudlande och flammande liv vacklade resenärerna.

Deux hommes, une femme et une meute de huskies marchaient comme des morts.

Två män, en kvinna och ett flock huskyer gick som döda.

Les chiens tombaient, Mercedes pleurait, mais continuait à conduire le traîneau.

Hundarna föll, Mercedes grät, men åkte fortfarande släden.

Hal jura faiblement et Charles cligna des yeux à travers ses yeux larmoyants.

Hal svor svagt, och Charles blinkade genom tårfyllda ögon.

Ils tombèrent sur le camp de John Thornton à l'embouchure de la rivière White.

De snubblade in i John Thorntons läger vid White Rivers mynning.

Lorsqu'ils s'arrêtèrent, les chiens s'effondrèrent, comme s'ils étaient tous morts.

När de stannade föll hundarna platt, som om alla hade slagit döda.

Mercedes essuya ses larmes et regarda John Thornton.

Mercedes torkade tårarna och tittade bort på John Thornton.

Charles s'assit sur une bûche, lentement et raidement, souffrant du sentier.

Charles satt långsamt och stelt på en stock, värkande av stigen.

Hal parlait pendant que Thornton sculptait l'extrémité d'un manche de hache.

Hal skötte snacket medan Thornton högg ut änden av ett yxskaft.

Il taillait du bois de bouleau et répondait par des réponses brèves et fermes.

Han täljde björkved och svarade med korta, bestämda svar.

Lorsqu'on lui a demandé son avis, il a donné des conseils, certain qu'ils ne seraient pas suivis.

När han blev tillfrågad gav han råd, säker på att de inte skulle följas.

Hal a expliqué : « Ils nous ont dit que la glace du sentier disparaissait. »

Hal förklarade: "De sa att isen på leden höll på att försvinna."

« Ils ont dit que nous devions rester sur place, mais nous sommes arrivés à White River. »

"De sa att vi skulle stanna kvar – men vi kom fram till White River."

Il a terminé sur un ton moqueur, comme pour crier victoire dans les difficultés.

Han avslutade med en hånfull ton, som för att utkräva seger i nöden.

« Et ils t'ont dit la vérité », répondit doucement John Thornton à Hal.

"Och de sa sanningen", svarade John Thornton tyst till Hal.

« La glace peut céder à tout moment, elle est prête à tomber. »

"Isen kan ge vika när som helst – den är redo att falla ur."

« Seuls un peu de chance et des imbéciles ont pu arriver jusqu'ici en vie. »

"Bara blind tur och dårar kunde ha klarat sig så här långt med livet i behåll."

« Je vous le dis franchement, je ne risquerais pas ma vie pour tout l'or de l'Alaska. »

"Jag säger dig ärligt, jag skulle inte riskera mitt liv för allt Alaskas guld."

« C'est parce que tu n'es pas un imbécile, je suppose »,
répondit Hal.

"Det är för att du inte är en dåre, antar jag", svarade Hal.

« Tout de même, nous irons à Dawson. » Il déroula son
fouet.

"I alla fall går vi vidare till Dawson." Han rullade ut sin piska.

« Monte là-haut, Buck ! Salut ! Debout ! Vas-y ! » cria-t-il
durement.

"Upp dit, Buck! Hej! Upp! Kom igen!" ropade han barskt.

Thornton continuait à tailler, sachant que les imbéciles
n'entendraient pas la raison.

Thornton fortsatte att snickra, i vetskap om att dårar inte
lyssnar på förnuft.

Arrêter un imbécile était futile, et deux ou trois imbéciles ne
changeaient rien.

Att stoppa en dåre var meningslöst – och två eller tre lurade
förändrade ingenting.

Mais l'équipe n'a pas bougé au son de l'ordre de Hal.

Men laget rörde sig inte vid ljudet av Hals befallning.

Désormais, seuls les coups pouvaient les faire se relever et
avancer.

Vid det här laget kunde bara slag få dem att resa sig och dra
sig framåt.

Le fouet claquait encore et encore sur les chiens affaiblis.

Piskan smällde gång på gång över de försvagade hundarna.

John Thornton serra fermement ses lèvres et regarda en
silence.

John Thornton tryckte läpparna hårt och tittade tyst.

Solleks fut le premier à se relever sous le fouet.

Solleks var den förste som kröp upp under piskslaget.

Puis Teek le suivit, tremblant. Joe poussa un cri en se
relevant.

Sedan följde Teek efter, darrande. Joe skrek till när han
stapplade upp.

Pike a essayé de se relever, a échoué deux fois, puis est
finalement resté debout, chancelant.

Pike försökte resa sig, misslyckades två gånger, men stod
slutligen ostadig.
**Mais Buck resta là où il était tombé, sans bouger du tout
cette fois.**
Men Buck låg där han hade fallit, och rörde sig inte alls den
här gången.
**Le fouet le frappait à plusieurs reprises, mais il ne faisait
aucun bruit.**
Piskan högg honom om och om igen, men han gav ifrån sig
inget ljud.
**Il n'a pas bronché ni résisté, il est simplement resté
immobile et silencieux.**
Han varken ryckte till eller gjorde motstånd, utan förblev bara
stilla och tyst.
**Thornton remua plus d'une fois, comme pour parler, mais ne
le fit pas.**
Thornton rörde sig mer än en gång, som för att tala, men
gjorde det inte.
**Ses yeux s'humidifièrent, et le fouet continuait à claquer
contre Buck.**
Hans ögon blev våta, och piskan smällde fortfarande mot
Buck.
**Finalement, Thornton commença à marcher lentement, ne
sachant pas quoi faire.**
Till slut började Thornton gå långsamt fram och tillbaka,
osäker på vad han skulle göra.
**C'était la première fois que Buck échouait, et Hal devint
furieux.**
Det var första gånger Buck hade misslyckats, och Hal blev
rasande.
Il a jeté le fouet et a pris la lourde massue à la place.
Han kastade ner piskan och plockade upp den tunga klubban
istället.
**Le gourdin en bois s'abattit violemment, mais Buck ne se
releva toujours pas pour bouger.**
Träklubban föll hårt ner, men Buck reste sig fortfarande inte
för att röra sig.

Comme ses coéquipiers, il était trop faible, mais plus que cela.

Liksom sina lagkamrater var han för svag – men mer än så.

Buck avait décidé de ne pas bouger, quoi qu'il arrive.

Buck hade bestämt sig för att inte röra sig, oavsett vad som skulle hända härnäst.

Il sentait quelque chose de sombre et de certain planer juste devant lui.

Han kände något mörkt och säkert sväva alldeles framför honom.

Cette peur l'avait saisi dès qu'il avait atteint la rive du fleuve.

Den skräcken hade gripit honom så snart han nådde flodstranden.

Cette sensation ne l'avait pas quitté depuis qu'il sentait la glace s'amincir sous ses pattes.

Känslan hade inte lämnat honom sedan han känt isen tunnna under tassarna.

Quelque chose de terrible l'attendait – il le sentait juste au bout du sentier.

Något fruktansvärt väntade – han kände det alldeles längre ner på stigen.

Il n'allait pas marcher vers cette terrible chose devant lui.

Han tänkte inte gå mot den där hemska saken framför sig

Il n'allait pas obéir à un quelconque ordre qui le conduirait à cette chose.

Han tänkte inte lyda någon befallning som ledde honom till den saken.

La douleur des coups ne l'atteignait plus guère, il était trop loin.

Smärtan från slagen rörde honom knappt nu – han var för långt borta.

L'étincelle de vie vacillait faiblement, s'affaiblissant sous chaque coup cruel.

Livsgnistan fladdrade lågt, fördunklad under varje grymt slag.

Ses membres semblaient lointains ; tout son corps semblait appartenir à un autre.

Hans lemmar kändes avlägsna; hela hans kropp tycktes tillhöra en annan.

Il ressentit un étrange engourdissement alors que la douleur disparaissait complètement.

Han kände en märklig domning när smärtan försvann helt.

De loin, il sentait qu'il était battu, mais il le savait à peine.

På långt håll kände han att han blev slagen, men visste knappt.

Il pouvait entendre les coups sourds faiblement, mais ils ne faisaient plus vraiment mal.

Han kunde höra dunsarna svagt, men de gjorde inte längre riktigt ont.

Les coups ont porté, mais son corps ne semblait plus être le sien.

Slagen träffade honom, men hans kropp kändes inte längre som hans egen.

Puis, soudain, sans prévenir, John Thornton poussa un cri sauvage.

Sedan plötsligt, utan förvarning, utstötte John Thornton ett vilt rop.

C'était inarticulé, plus le cri d'une bête que celui d'un homme.

Det var oartikulerat, mer ett odjurs än en människas rop.

Il sauta sur l'homme avec la massue et renversa Hal en arrière.

Han hoppade på mannen med klubban och slog Hal bakåt.

Hal vola comme s'il avait été frappé par un arbre, atterrissant durement sur le sol.

Hal flög som om han blivit träffad av ett träd och landade hårt på marken.

Mercedes a crié de panique et s'est agrippée au visage.

Mercedes skrek högt i panik och höll sig för hennes ansikte.

Charles se contenta de regarder, s'essuya les yeux et resta assis.

Charles bara tittade på, torkade sig om ögonen och stannade kvar.

Son corps était trop raide à cause de la douleur pour se lever ou aider au combat.

Hans kropp var för stel av smärta för att resa sig eller hjälpa till i kampen.

Thornton se tenait au-dessus de Buck, tremblant de fureur, incapable de parler.

Thornton stod över Buck, darrande av ilska, oförmögen att tala.

Il tremblait de rage et luttait pour trouver sa voix à travers elle.

Han skakade av ilska och kämpade för att hitta sin röst genom den.

« Si tu frappes encore ce chien, je te tue », dit-il finalement.

"Om du slår den där hunden igen, så dödar jag dig", sa han till slut.

Hal essuya le sang de sa bouche et s'avança à nouveau.

Hal torkade blodet från munnen och kom fram igen.

« C'est mon chien », murmura-t-il. « Dégage, ou je te répare. »

"Det är min hund", muttrade han. "Gå ur vägen, annars fixar jag dig."

« Je vais à Dawson, et vous ne m'en empêcherez pas », a-t-il ajouté.

"Jag ska till Dawson, och du kommer inte att hindra mig", tillade han.

Thornton se tenait fermement entre Buck et le jeune homme en colère.

Thornton stod stadigt mellan Buck och den arga unge mannen.

Il n'avait aucune intention de s'écarter ou de laisser passer Hal.

Han hade ingen avsikt att stiga åt sidan eller låta Hal gå förbi.

Hal sortit son couteau de chasse, long et dangereux à la main.

Hal drog fram sin jaktkniv, lång och farlig i handen.

Mercedes a crié, puis pleuré, puis ri dans une hystérie sauvage.

Mercedes skrek, sedan grät, sedan skrattade i vild hysteri.

Thornton frappa la main de Hal avec le manche de sa hache, fort et vite.

Thornton slog Hals hand med sitt yxskaft, hårt och snabbt.

Le couteau s'est détaché de la main de Hal et a volé au sol.

Kniven lossnade från Hals grepp och flög till marken.

Hal essaya de ramasser le couteau, et Thornton frappa à nouveau ses jointures.

Hal försökte lyfta kniven, och Thornton knackade igen med knogarna.

Thornton se baissa alors, attrapa le couteau et le tint.

Sedan böjde sig Thornton ner, tog kniven och höll den.

D'un coup rapide de manche de hache, il coupa les rênes de Buck.

Med två snabba hugg med yxskaftet högg han av Bucks tyglar.

Hal n'avait plus aucune résistance et s'éloigna du chien.

Hal hade ingen kamp kvar i sig och tog ett steg tillbaka från hunden.

De plus, Mercedes avait désormais besoin de ses deux bras pour se maintenir debout.

Dessutom behövde Mercedes båda armarna nu för att hålla sig upprätt.

Buck était trop proche de la mort pour pouvoir à nouveau tirer un traîneau.

Buck var för nära döden för att kunna dra en släde igen.

Quelques minutes plus tard, ils se sont retirés et ont descendu la rivière.

Några minuter senare drog de ut och styrde nerför floden.

Buck leva faiblement la tête et les regarda quitter la banque.

Buck lyfte svagt huvudet och såg dem lämna banken.

Pike a mené l'équipe, avec Solleks à l'arrière dans la roue.

Pike ledde laget, med Solleks längst bak i ratten.

Joe et Teek marchaient entre eux, tous deux boitant d'épuisement.

Joe och Teek gick emellan, båda haltande av utmattning.

Mercedes s'assit sur le traîneau et Hal saisit le long mât.

Mercedes satte sig på släden, och Hal grep tag i den långa gee-staven.

Charles trébuchait derrière, ses pas maladroits et incertains.

Charles stapplade bakom, hans steg klumpiga och osäkra.

Thornton s'agenouilla près de Buck et chercha doucement des os cassés.

Thornton knäböjde bredvid Buck och kände försiktigt efter brutna ben.

Ses mains étaient rudes mais bougeaient avec gentillesse et attention.

Hans händer var grova men rörde sig med vänlighet och omsorg.

Le corps de Buck était meurtri mais ne présentait aucune blessure durable.

Bucks kropp var blåmärkt men visade inga bestående skador.

Ce qui restait, c'était une faim terrible et une faiblesse quasi totale.

Det som återstod var fruktansvärd hunger och nästan total svaghet.

Au moment où cela fut clair, le traîneau était déjà loin en aval.

När detta var klart hade släden kört långt nedströms.

L'homme et le chien regardaient le traîneau ramper lentement sur la glace fissurée.

Man och hund såg släden sakta krypa över den sprickande isen.

Puis, ils virent le traîneau s'enfoncer dans un creux.

Sedan såg de släden sjunka ner i en hålighet.

Le mât s'est envolé, Hal s'y accrochant toujours en vain.

Gee-stången flög upp, med Hal fortfarande förgäves klamrande sig fast vid den.

Le cri de Mercedes les atteignit à travers la distance froide.

Mercedes skrik nådde dem över den kalla fjärran.

Charles se retourna et recula, mais il était trop tard.

Charles vände sig om och tog ett steg tillbaka – men han var för sent ute.

Une calotte glaciaire entière a cédé et ils sont tous tombés à travers.

En hel inlandsis gav vika, och de föll alla igenom.

Les chiens, le traîneau et les gens ont disparu dans l'eau noire en contrebas.

Hundar, släde och människor försvann ner i det svarta vattnet nedanför.

Il ne restait qu'un large trou dans la glace là où ils étaient passés.

Endast ett brett hål i isen fanns kvar där de hade passerat.

Le fond du sentier s'était affaissé, comme Thornton l'avait prévenu.

Stigens botten hade fallit ut – precis som Thornton varnade för.

Thornton et Buck se regardèrent, silencieux pendant un moment.

Thornton och Buck tittade på varandra, tysta en stund.

« Pauvre diable », dit doucement Thornton, et Buck lui lécha la main.

"Din stackars djävul", sa Thornton mjukt, och Buck slickade hans hand.

Pour l'amour d'un homme
För en mans kärlek

John Thornton s'est gelé les pieds dans le froid du mois de décembre précédent.
John Thornton frös om fötterna i kylan från föregående december.

Ses partenaires l'ont mis à l'aise et l'ont laissé se rétablir seul.
Hans partners gjorde det bekvämt för honom och lät honom återhämta sig ensam.

Ils remontèrent la rivière pour rassembler un radeau de billes de bois pour Dawson.
De gick uppför floden för att samla en flotte sågtimmer åt Dawson.

Il boitait encore légèrement lorsqu'il a sauvé Buck de la mort.
Han haltade fortfarande lite när han räddade Buck från döden.

Mais avec le temps chaud qui continue, même cette boiterie a disparu.
Men med det fortsatta varma vädret försvann även den haltandet.

Allongé au bord de la rivière pendant les longues journées de printemps, Buck se reposait.
Liggande vid flodstranden under långa vårdagar vilade Buck.

Il regardait l'eau couler et écoutait les oiseaux et les insectes.
Han tittade på det strömmande vattnet och lyssnade på fåglar och insekter.

Lentement, Buck reprit ses forces sous le soleil et le ciel.
Sakta men säkert återfick Buck sin styrka under solen och himlen.

Un repos merveilleux après avoir parcouru trois mille kilomètres.
En vila kändes underbar efter att ha rest tre tusen mil.

Buck est devenu paresseux à mesure que ses blessures guérissaient et que son corps se remplissait.

Buck blev lat när hans sår läkte och hans kropp fylldes ut.

Ses muscles se raffermirent et la chair revint recouvrir ses os.

Hans muskler blev fasta, och köttet täckte hans ben igen.

Ils se reposaient tous : Buck, Thornton, Skeet et Nig.

De vilade alla – Buck. Thornton, Skeet och Nig.

Ils attendaient le radeau qui allait les transporter jusqu'à Dawson.

De väntade på flotten som skulle bära dem ner till Dawson.

Skeet était un petit setter irlandais qui s'est lié d'amitié avec Buck.

Skeet var en liten irländsk setter som blev vän med Buck.

Buck était trop faible et malade pour lui résister lors de leur première rencontre.

Buck var för svag och sjuk för att motstå henne vid deras första möte.

Skeet avait le trait de guérisseur que certains chiens possèdent naturellement.

Skeet hade den helande egenskapen som vissa hundar naturligt har.

Comme une mère chatte, elle lécha et nettoya les blessures à vif de Buck.

Liksom en kattmamma slickade och rengjorde hon Bucks råa sår.

Chaque matin, après le petit-déjeuner, elle répétait son travail minutieux.

Varje morgon efter frukost upprepade hon sitt noggranna arbete.

Buck s'attendait à son aide autant qu'à celle de Thornton.

Buck kom att förvänta sig hennes hjälp lika mycket som han förväntade sig Thorntons.

Nig était également amical, mais moins ouvert et moins affectueux.

Nig var också vänlig, men mindre öppen och mindre tillgiven.

Nig était un gros chien noir, à la fois chien de Saint-Hubert et chien de chasse.

Nig var en stor svart hund, delvis blodhund och delvis hjorthund.

Il avait des yeux rieurs et une infinie bonne nature dans son esprit.

Han hade skrattande ögon och en oändlig godhet i sin själ.

À la surprise de Buck, aucun des deux chiens n'a montré de jalousie envers lui.

Till Bucks förvåning visade ingen av hundarna svartsjuka mot honom.

Skeet et Nig ont tous deux partagé la gentillesse de John Thornton.

Både Skeet och Nig delade John Thorntons vänlighet.

À mesure que Buck devenait plus fort, ils l'ont attiré dans des jeux de chiens stupides.

Allt eftersom Buck blev starkare lockade de honom in i fåniga hundlekar.

Thornton jouait souvent avec eux aussi, incapable de résister à leur joie.

Thornton lekte ofta med dem också, oförmögen att motstå deras glädje.

De cette manière ludique, Buck est passé de la maladie à une nouvelle vie.

På detta lekfulla sätt gick Buck från sjukdom till ett nytt liv.

L'amour – un amour véritable, brûlant et passionné – était enfin à lui.

Kärleken – sann, brinnande och passionerad kärlek – var äntligen hans.

Il n'avait jamais connu ce genre d'amour dans le domaine de Miller.

Han hade aldrig känt den här sortens kärlek på Millers gods.

Avec les fils du juge, il avait partagé le travail et l'aventure.

Med domarens söner hade han delat arbete och äventyr.

Chez les petits-fils, il vit une fierté raide et vantarde.

Hos sonsönerna såg han stel och skrytsam stolthet.

Il entretenait avec le juge Miller lui-même une amitié respectueuse.

Med domare Miller själv hade han en respektfull vänskap.

Mais l'amour qui était feu, folie et adoration est venu avec Thornton.

Men kärlek som var eld, galenskap och dyrkan kom med Thornton.

Cet homme avait sauvé la vie de Buck, et cela seul signifiait beaucoup.

Den här mannen hade räddat Bucks liv, och det ensamt betydde oerhört mycket.

Mais plus que cela, John Thornton était le type de maître idéal.

Men mer än så var John Thornton den ideala typen av mästare.

D'autres hommes s'occupaient de chiens par devoir ou par nécessité professionnelle.

Andra män tog hand om hundar av plikt eller affärsmässig nödvändighet.

John Thornton prenait soin de ses chiens comme s'ils étaient ses enfants.

John Thornton tog hand om sina hundar som om de vore hans barn.

Il prenait soin d'eux parce qu'il les aimait et qu'il ne pouvait tout simplement pas s'en empêcher.

Han brydde sig om dem för att han älskade dem och helt enkelt inte kunde göra något åt det.

John Thornton a vu encore plus loin que la plupart des hommes n'ont jamais réussi à voir.

John Thornton såg ännu längre än de flesta män någonsin lyckades se.

Il n'oubliait jamais de les saluer gentiment ou de leur adresser un mot d'encouragement.

Han glömde aldrig att hälsa dem vänligt eller säga ett uppmuntrande ord.

Il adorait s'asseoir avec les chiens pour de longues conversations, ou « gazeuses », comme il disait.

Han älskade att sitta ner med hundarna för långa samtal, eller "gasiga", som han sa.

Il aimait saisir brutalement la tête de Buck entre ses mains fortes.

Han tyckte om att gripa Bucks huvud hårt mellan sina starka händer.

Puis il posa sa tête contre celle de Buck et le secoua doucement.

Sedan lutade han sitt huvud mot Bucks och skakade honom försiktigt.

Pendant tout ce temps, il traitait Buck de noms grossiers qui signifiaient de l'amour pour Buck.

Hela tiden kallade han Buck oförskämda namn som betydde kärlek för Buck.

Pour Buck, cette étreinte brutale et ces mots ont apporté une joie profonde.

För Buck väckte den hårda omfamningen och de orden djup glädje.

Son cœur semblait se déchaîner de bonheur à chaque mouvement.

Hans hjärta tycktes skaka löst av lycka vid varje rörelse.

Lorsqu'il se releva ensuite, sa bouche semblait rire.

När han sprang upp efteråt såg det ut som om hans mun skrattade.

Ses yeux brillaient et sa gorge tremblait d'une joie inexprimée.

Hans ögon lyste klart och hans hals darrade av outtalad glädje.

Son sourire resta figé dans cet état d'émotion et d'affection rayonnante.

Hans leende stod stilla i det där tillståndet av känslor och glödande tillgivenhet.

Thornton s'exclama alors pensivement : « Mon Dieu ! Il peut presque parler ! »

Sedan utbrast Thornton eftertänksamt: "Herregud! han kan nästan tala!"

Buck avait une étrange façon d'exprimer son amour qui causait presque de la douleur.

Buck hade ett konstigt sätt att uttrycka kärlek som nästan orsakade smärta.

Il serrait souvent très fort la main de Thornton entre ses dents.

Han höll ofta Thorntons hand mycket hårt mellan tänderna.

La morsure allait laisser des marques profondes qui resteraient un certain temps après.

Bettet skulle lämna djupa spår som stannade kvar ett tag efteråt.

Buck croyait que ces serments étaient de l'amour, et Thornton savait la même chose.

Buck trodde att de svordomarna var kärlek, och Thornton visste detsamma.

Le plus souvent, l'amour de Buck se manifestait par une adoration silencieuse, presque silencieuse.

Oftast visade sig Bucks kärlek i tyst, nästan tyst beundran.

Bien qu'il soit ravi lorsqu'on le touche ou qu'on lui parle, il ne cherche pas à attirer l'attention.

Även om han blev upprymd när han blev berörd eller tilltalad, sökte han inte uppmärksamhet.

Skeet a poussé son nez sous la main de Thornton jusqu'à ce qu'il la caresse.

Skeet knuffade nosen under Thorntons hand tills han klappade henne.

Nig s'approcha tranquillement et posa sa grosse tête sur le genou de Thornton.

Nig gick tyst fram och vilade sitt stora huvud på Thorntons knä.

Buck, au contraire, se contentait d'aimer à distance respectueuse.

Buck, däremot, var nöjd med att älska från ett respektfullt avstånd.

Il resta allongé pendant des heures aux pieds de Thornton, alerte et observant attentivement.

Han låg i timmar vid Thorntons fötter, vaken och iakttagande noga.

Buck étudiait chaque détail du visage de son maître et le moindre mouvement.

Buck studerade varje detalj i sin husbondes ansikte och minsta rörelse.

Ou bien il était allongé plus loin, étudiant la silhouette de l'homme en silence.

Eller ljög längre bort och studerade mannens skepnad i tystnad.

Buck observait chaque petit mouvement, chaque changement de posture ou de geste.

Buck iakttog varje liten rörelse, varje förändring i hållning eller gest.

Ce lien était si puissant qu'il attirait souvent le regard de Thornton.

Så stark var denna koppling att den ofta drog till sig Thorntons blick.

Il rencontra les yeux de Buck sans un mot, l'amour brillant clairement à travers.

Han mötte Bucks blick utan ord, kärleken lyste klart igenom.

Pendant longtemps après avoir été sauvé, Buck n'a jamais laissé Thornton hors de vue.

Under en lång tid efter att han räddats släppte Buck aldrig Thornton ur sikte.

Chaque fois que Thornton quittait la tente, Buck le suivait de près à l'extérieur.

Varje gång Thornton lämnade tältet följde Buck honom tätt ut.

Tous les maîtres sévères du Northland avaient fait que Buck avait peur de faire confiance.

Alla de hårda herrarna i Nordlandet hade gjort Buck rädd för att lita på honom.

Il craignait qu'aucun homme ne puisse rester son maître plus d'un court instant.

Han fruktade att ingen man kunde förbli hans herre i mer än en kort tid.

Il craignait que John Thornton ne disparaisse comme Perrault et François.

Han fruktade att John Thornton skulle försvinna liksom Perrault och François.

Même la nuit, la peur de le perdre hantait le sommeil agité de Buck.

Även på natten hemsökte rädslan för att förlora honom Bucks oroliga sömn.

Quand Buck se réveilla, il se glissa dehors dans le froid et se dirigea vers la tente.

När Buck vaknade smög han ut i kylan och gick till tältet.

Il écoutait attentivement le doux bruit de la respiration à l'intérieur.

Han lyssnade noga efter det mjuka ljudet av andning inuti.

Malgré l'amour profond de Buck pour John Thornton, la nature sauvage est restée vivante.

Trots Bucks djupa kärlek till John Thornton levde vildmarken över.

Cet instinct primitif, éveillé dans le Nord, n'a pas disparu.

Den primitiva instinkten, som väcktes i norr, försvann inte.

L'amour a apporté la dévotion, la loyauté et le lien chaleureux du coin du feu.

Kärlek förde med sig hängivenhet, lojalitet och eldsidans varma band.

Mais Buck a également conservé son instinct sauvage, vif et toujours en alerte.

Men Buck behöll också sina vilda instinkter, skarpa och ständigt vakna.

Il n'était pas seulement un animal de compagnie apprivoisé venu des terres douces de la civilisation.

Han var inte bara ett tämjt husdjur från civilisationens mjuka länder.

Buck était un être sauvage qui était venu s'asseoir près du feu de Thornton.

Buck var en vild varelse som hade kommit in för att sitta vid Thorntons eld.

Il ressemblait à un chien du Southland, mais la sauvagerie vivait en lui.

Han såg ut som en sydlandshund, men vildhet levde inom honom.

Son amour pour Thornton était trop grand pour permettre de voler cet homme.

Hans kärlek till Thornton var för stor för att tillåta stöld från mannen.

Mais dans n'importe quel autre camp, il volerait avec audace et sans relâche.

Men i vilket annat läger som helst skulle han stjäla djärvt och utan uppehåll.

Il était si habile à voler que personne ne pouvait l'attraper ou l'accuser.

Han var så listig på att stjäla att ingen kunde fånga eller anklaga honom.

Son visage et son corps étaient couverts de cicatrices dues à de nombreux combats passés.

Hans ansikte och kropp var täckta av ärr från många tidigare slagsmål.

Buck se battait toujours avec acharnement, mais maintenant il se battait avec plus de ruse.

Buck kämpade fortfarande häftigt, men nu kämpade han med ännu mer slughet.

Skeet et Nig étaient trop doux pour se battre, et ils appartenaient à Thornton.

Skeet och Nig var för vänliga för att slåss, och de tillhörde Thornton.

Mais tout chien étranger, aussi fort ou courageux soit-il, cédait.

Men vilken främmande hund som helst, oavsett hur stark eller modig den var, gav vika.

Sinon, le chien se retrouvait à lutter contre Buck, à se battre pour sa vie.

Annars fann hunden sig själv i en kamp mot Buck; kämpande för sitt liv.

Buck n'a eu aucune pitié une fois qu'il a choisi de se battre contre un autre chien.

Buck hade ingen nåd när han väl valde att slåss mot en annan hund.

Il avait bien appris la loi du gourdin et des crocs dans le Nord.

Han hade väl lärt sig lagen om klubba och huggtänder i Nordlandet.

Il n'a jamais abandonné un avantage et n'a jamais reculé devant la bataille.

Han gav aldrig upp en fördel och backade aldrig från striden.

Il avait étudié les Spitz et les chiens les plus féroces de la poste et de la police.

Han hade studerat spetshundar och de vildaste post- och polishundarna.

Il savait clairement qu'il n'y avait pas de juste milieu dans un combat sauvage.

Han visste tydligt att det inte fanns någon medelväg i vild strid.

Il doit gouverner ou être gouverné ; faire preuve de miséricorde signifie faire preuve de faiblesse.

Han måste styra eller bli styrd; att visa barmhärtighet innebar att visa svaghet.

La miséricorde était inconnue dans le monde brut et brutal de la survie.

Barmhärtighet var okänd i överlevnadens råa och brutala värld.

Faire preuve de miséricorde était perçu comme de la peur, et la peur menait rapidement à la mort.

Att visa barmhärtighet sågs som rädsla, och rädsla ledde snabbt till döden.

L'ancienne loi était simple : tuer ou être tué, manger ou être mangé.

Den gamla lagen var enkel: döda eller bli dödad, ät eller bli uppäten.

Cette loi venait des profondeurs du temps, et Buck la suivait pleinement.

Den lagen kom från tidens djup, och Buck följde den till fullo.

Buck était plus vieux que son âge et que le nombre de respirations qu'il prenait.

Buck var äldre än han var och antalet andetag han tog.

Il a clairement relié le passé ancien au moment présent.

Han kopplade tydligt samman det forntida förflutna med nuet.

Les rythmes profonds des âges le traversaient comme les marées.

Tidernas djupa rytmer rörde sig genom honom likt tidvattnet.

Le temps pulsait dans son sang aussi sûrement que les saisons faisaient bouger la terre.

Tiden pulserade i hans blod lika säkert som årstiderna rörde jorden.

Il était assis près du feu de Thornton, la poitrine forte et les crocs blancs.

Han satt vid Thorntons eld, med kraftigt bröst och vita huggtänder.

Sa longue fourrure ondulait, mais derrière lui, les esprits des chiens sauvages observaient.

Hans långa päls böljade, men bakom honom tittade vilda hundars andar på.

Des demi-loups et des loups à part entière s'agitaient dans son cœur et dans ses sens.

Halvvargar och hela vargar rörde sig i hans hjärta och sinnen.

Ils goûtèrent sa viande et burent la même eau que lui.

De smakade på hans kött och drack samma vatten som han gjorde.

Ils reniflaient le vent à ses côtés et écoutaient la forêt.

De luktade i vinden bredvid honom och lyssnade till skogen.

Ils murmuraient la signification des sons sauvages dans l'obscurité.

De viskade betydelsen av de vilda ljuden i mörkret.

Ils façonnaient ses humeurs et guidaient chacune de ses réactions silencieuses.

De formade hans humör och vägledde var och en av hans tysta reaktioner.

Ils se sont couchés avec lui pendant son sommeil et sont devenus une partie de ses rêves profonds.

De låg hos honom medan han sov och blev en del av hans djupa drömmar.

Ils rêvaient avec lui, au-delà de lui, et constituaient son esprit même.

De drömde med honom, bortom honom, och formade hans själva ande.

Les esprits de la nature appelèrent si fort que Buck se sentit attiré.

Vildmarkens andar ropade så starkt att Buck kände sig dragen.

Chaque jour, l'humanité et ses revendications s'affaiblissaient dans le cœur de Buck.

För varje dag blev mänskligheten och dess anspråk svagare i Bucks hjärta.

Au plus profond de la forêt, un appel étrange et palpitant allait s'élever.

Djupt inne i skogen skulle ett märkligt och spännande rop stiga.

Chaque fois qu'il entendait l'appel, Buck ressentait une envie à laquelle il ne pouvait résister.

Varje gång han hörde ropet kände Buck en impuls han inte kunde motstå.

Il allait se détourner du feu et des sentiers battus des humains.

Han skulle vända sig bort från elden och bort från de upptrampade mänskliga stigarna.

Il allait s'enfoncer dans la forêt, avançant sans savoir pourquoi.

Han skulle störta in i skogen, gå framåt utan att veta varför.

Il ne remettait pas en question cette attraction, car l'appel était profond et puissant.

Han ifrågasatte inte denna dragningskraft, ty kallelsen var djup och kraftfull.

Souvent, il atteignait l'ombre verte et la terre douce et intacte

Ofta nådde han den gröna skuggan och den mjuka, orörda jorden

Mais ensuite, son amour profond pour John Thornton l'a ramené vers le feu.

Men sedan drog den starka kärleken till John Thornton honom tillbaka till elden.

Seul John Thornton tenait véritablement le cœur sauvage de Buck entre ses mains.

Endast John Thornton höll verkligen Bucks vilda hjärta i sitt grepp.

Le reste de l'humanité n'avait aucune valeur ni signification durable pour Buck.

Resten av mänskligheten hade inget bestående värde eller mening för Buck.

Les étrangers pourraient le féliciter ou caresser sa fourrure avec des mains amicales.

Främlingar kan berömma honom eller stryka hans päls med vänliga händer.

Buck resta impassible et s'éloigna à cause de trop d'affection.

Buck förblev oberörd och gick sin väg på grund av alltför mycket tillgivenhet.

Hans et Pete sont arrivés avec le radeau qu'ils attendaient depuis longtemps

Hans och Pete anlände med flotten som länge hade väntats

Buck les a ignorés jusqu'à ce qu'il apprenne qu'ils étaient proches de Thornton.

Buck ignorerade dem tills han fick veta att de var nära Thornton.

Après cela, il les a tolérés, mais ne leur a jamais montré toute sa chaleur.

Efter det tolererade han dem, men visade dem aldrig full värme.

Il prenait de la nourriture ou des marques de gentillesse de leur part comme s'il leur rendait service.

Han tog emot mat eller vänlighet från dem som om han gjorde dem en tjänst.

Ils étaient comme Thornton : simples, honnêtes et clairs dans leurs pensées.

De var som Thornton – enkla, ärliga och klara i tankarna.

Tous ensemble, ils se rendirent à la scierie de Dawson et au grand tourbillon

Alla tillsammans reste de till Dawsons sågverk och den stora virveln

Au cours de leur voyage, ils ont appris à comprendre profondément la nature de Buck.

På sin resa lärde de sig att djupt förstå Bucks natur.

Ils n'ont pas essayé de se rapprocher comme Skeet et Nig l'avaient fait.

De försökte inte komma nära varandra som Skeet och Nig hade gjort.

Mais l'amour de Buck pour John Thornton n'a fait que s'approfondir avec le temps.

Men Bucks kärlek till John Thornton fördjupades bara med tiden.

Seul Thornton pouvait placer un sac sur le dos de Buck en été.

Endast Thornton kunde lägga en packning på Bucks rygg på sommaren.

Quoi que Thornton ordonne, Buck était prêt à l'exécuter pleinement.

Vad Thornton än befallde, var Buck villig att göra helt och hållet.

Un jour, après avoir quitté Dawson pour les sources du Tanana,

En dag, efter att de lämnat Dawson för Tananas källflöden,

le groupe était assis sur une falaise qui descendait d'un mètre jusqu'au substrat rocheux nu.

Gruppen satt på en klippa som föll en meter ner till kala berggrunden.

John Thornton était assis près du bord et Buck se reposait à côté de lui.

John Thornton satt nära kanten, och Buck vilade bredvid honom.

Thornton eut une pensée soudaine et attira l'attention des hommes.

Thornton fick en plötslig tanke och påkallade männens uppmärksamhet.

Il désigna le gouffre et donna un seul ordre à Buck.

Han pekade över avgrunden och gav Buck en enda kommando.

« Saute, Buck ! » dit-il en balançant son bras au-dessus de la chute.

"Hoppa, Buck!" sa han och svingade ut armen över stupet.

En un instant, il dut attraper Buck, qui sautait pour obéir.

I ett ögonblick var han tvungen att gripa tag i Buck, som hoppade till för att lyda.

Hans et Pete se sont précipités en avant et ont ramené les deux hommes en sécurité.

Hans och Pete rusade fram och drog båda tillbaka i säkerhet.

Une fois que tout fut terminé et qu'ils eurent repris leur souffle, Pete prit la parole.

När allt var över, och de hade hämtat andan, tog Pete till orda.

« L'amour est étrange », dit-il, secoué par la dévotion féroce du chien.

"Kärleken är kuslig", sa han, skakad av hundens starka hängivenhet.

Thornton secoua la tête et répondit avec un sérieux calme.

Thornton skakade på huvudet och svarade med lugnt allvar.

« Non, l'amour est splendide », dit-il, « mais aussi terrible. »

"Nej, kärleken är fantastisk", sa han, "men också fruktansvärd."

« Parfois, je dois l'admettre, ce genre d'amour me fait peur. »

"Ibland måste jag erkänna att den här typen av kärlek gör mig rädd."

Pete hocha la tête et dit : « Je détesterais être l'homme qui te touche. »

Pete nickade och sa: "Jag skulle hata att vara mannen som rör vid dig."

Il regarda Buck pendant qu'il parlait, sérieux et plein de respect.

Han tittade på Buck medan han talade, allvarlig och full av respekt.

« Py Jingo ! » s'empressa de dire Hans. « Moi non plus, non monsieur. »

"Py Jingo!" sa Hans snabbt. "Jag heller, nej, sir."

Avant la fin de l'année, les craintes de Pete se sont réalisées à Circle City.

Innan året var slut besannades Petes farhågor i Circle City.

Un homme cruel nommé Black Burton a provoqué une bagarre dans le bar.

En grym man vid namn Black Burton började bråka i baren.

Il était en colère et malveillant, s'en prenant à un nouveau tendre.

Han var arg och illvillig och gick till attack mot en ny ömtålig person.

John Thornton est intervenu, calme et de bonne humeur comme toujours.

John Thornton klev in, lugn och godmodig som alltid.

Buck était allongé dans un coin, la tête baissée, observant Thornton de près.

Buck låg i ett hörn med huvudet nedåt och iakttog Thornton noga.

Burton frappa soudainement, son coup envoyant Thornton tourner.

Burton slog plötsligt till, hans slag fick Thornton att snurra.

Seule la barre du bar l'a empêché de s'écraser violemment au sol.

Endast stångens räcke hindrade honom från att falla hårt mot marken.

Les observateurs ont entendu un son qui n'était ni un aboiement ni un cri.

Vaktarna hörde ett ljud som inte var skall eller skrik

un rugissement profond sortit de Buck alors qu'il se lançait vers l'homme.

ett djupt vrål kom från Buck när han rusade mot mannen.

Burton a levé le bras et a sauvé sa vie de justesse.

Burton kastade upp armen och räddade nätt och jämnt sitt eget liv.

Buck l'a percuté, le faisant tomber à plat sur le sol.

Buck körde in i honom och slog honom platt på golvet.

Buck mordit profondément le bras de l'homme, puis se jeta à la gorge.

Buck bet djupt i mannens arm och kastade sig sedan mot strupen.

Burton n'a pu bloquer que partiellement et son cou a été déchiré.

Burton kunde bara delvis blockera, och hans nacke slets upp.

Des hommes se sont précipités, les bâtons levés, et ont chassé Buck de l'homme ensanglanté.

Män rusade in, hissade klubbor och drev bort Buck den blödande mannen.

Un chirurgien est intervenu rapidement pour arrêter l'écoulement du sang.

En kirurg arbetade snabbt för att stoppa blodet från att rinna ut.

Buck marchait de long en large et grognait, essayant d'attaquer encore et encore.

Buck gick fram och tillbaka och morrade, och försökte attackera om och om igen.

Seuls les coups de massue l'ont empêché d'atteindre Burton.

Endast svingande klubbor hindrade honom från att nå Burton.

Une réunion de mineurs a été convoquée et tenue sur place.

Ett gruvarbetarmöte sammankallades och hölls just där på plats.

Ils ont convenu que Buck avait été provoqué et ont voté pour le libérer.

De höll med om att Buck hade blivit provocerad och röstade för att släppa honom fri.

Mais le nom féroce de Buck résonnait désormais dans tous les camps d'Alaska.

Men Bucks våldsamma namn ekade nu i varje läger i Alaska.

Plus tard cet automne-là, Buck sauva à nouveau Thornton d'une nouvelle manière.

Senare samma höst räddade Buck Thornton igen på ett nytt sätt.

Les trois hommes guidaient un long bateau sur des rapides impétueux.

De tre männen guidade en lång båt nerför grova forsar.

Thornton dirigeait le bateau et donnait des indications pour se rendre sur le rivage.

Thornton manövrerade båten och ropade upp vägbeskrivningar till strandlinjen.

Hans et Pete couraient sur terre, tenant une corde d'arbre en arbre.

Hans och Pete sprang på land och höll ett rep från träd till träd.

Buck suivait le rythme sur la rive, surveillant toujours son maître.

Buck höll takten på stranden och vakade ständigt över sin herre.

À un endroit désagréable, des rochers surplombaient les eaux vives.

På ett otäckt ställe stack stenar ut under det snabba vattnet.

Hans lâcha la corde et Thornton dirigea le bateau vers le large.

Hans släppte repet, och Thornton styrde båten vida.

Hans sprinta pour rattraper le bateau en passant devant les rochers dangereux.

Hans spurtade för att hinna ikapp båten igen förbi de farliga klipporna.

Le bateau a franchi le rebord mais a heurté une partie plus forte du courant.

Båten passerade avsatsen men träffade en starkare del av strömmen.

Hans a attrapé la corde trop vite et a déséquilibré le bateau.

Hans grep tag i repet för snabbt och drog båten ur balans.

Le bateau s'est retourné et a heurté la berge, cul en l'air.

Båten voltade och slog in i stranden, med botten upp.

Thornton a été jeté dehors et emporté dans la partie la plus sauvage de l'eau.

Thornton kastades ut och sveptes ner i den vildaste delen av vattnet.

Aucun nageur n'aurait pu survivre dans ces eaux mortelles et tumultueuses.

Ingen simmare skulle ha överlevt i det dödliga, rusande vattnet.

Buck sauta instantanément et poursuivit son maître sur la rivière.

Buck hoppade genast in och jagade sin husbonde nerför floden.

Après trois cents mètres, il atteignit enfin Thornton.

Efter trehundra meter nådde han äntligen Thornton.

Thornton attrapa la queue de Buck, et Buck se tourna vers le rivage.

Thornton grep tag i Bucks stjärt, och Buck vände sig mot stranden.

Il nageait de toutes ses forces, luttant contre la force de l'eau.

Han simmade med full styrka och kämpade mot vattnets vilda drag.

Ils se déplaçaient en aval plus vite qu'ils ne pouvaient atteindre le rivage.

De rörde sig nedströms snabbare än de kunde nå stranden.

Plus loin, la rivière rugissait plus fort alors qu'elle tombait dans des rapides mortels.

Framför dånade floden högre när den störtade ner i dödliga forsar.

Les rochers fendaient l'eau comme les dents d'un énorme peigne.

Stenar skar genom vattnet som tänderna på en enorm kam.

L'attraction de l'eau près de la chute était sauvage et inévitable.

Vattnets dragningskraft nära droppen var våldsam och oundviklig.

Thornton savait qu'ils ne pourraient jamais atteindre le rivage à temps.

Thornton visste att de aldrig skulle kunna nå stranden i tid.

Il a gratté un rocher, s'est écrasé sur un deuxième,

Han skrapade över en sten, slog över en andra,

Et puis il s'est écrasé contre un troisième rocher, l'attrapant à deux mains.

Och sedan krockade han med en tredje sten och grep tag i den med båda händerna.

Il lâcha Buck et cria par-dessus le rugissement : « Vas-y, Buck ! Vas-y ! »

Han släppte taget om Buck och ropade över vrållet: "Kör, Buck! Kör!"

Buck n'a pas pu rester à flot et a été emporté par le courant.

Buck kunde inte hålla sig flytande och sveptes med av strömmen.

Il s'est battu avec acharnement, s'efforçant de se retourner, mais n'a fait aucun progrès.

Han kämpade hårt, kämpade för att vända, men gjorde inga framsteg alls.

Puis il entendit Thornton répéter l'ordre par-dessus le rugissement de la rivière.

Sedan hörde han Thornton upprepa kommandot över flodens dån.

Buck sortit de l'eau et leva la tête comme pour un dernier regard.

Buck steg upp ur vattnet och lyfte huvudet som för att ta en sista titt.

puis il se retourna et obéit, nageant vers la rive avec résolution.

sedan vände han sig om och lydde, simmande mot stranden med beslutsamhet.

Pete et Hans l'ont tiré à terre au dernier moment possible.

Pete och Hans drog honom i land i sista möjliga ögonblick.

Ils savaient que Thornton ne pourrait s'accrocher au rocher que quelques minutes de plus.

De visste att Thornton bara kunde klamra sig fast vid stenen i några minuter till.

Ils coururent sur la berge jusqu'à un endroit bien au-dessus de l'endroit où il était suspendu.

De sprang uppför banken till en plats långt ovanför där han hängde.

Ils ont soigneusement attaché la ligne du bateau au cou et aux épaules de Buck.

De knöt försiktigt båtens lina runt Bucks nacke och axlar.

La corde était serrée mais suffisamment lâche pour permettre la respiration et le mouvement.

Repet var tätt men tillräckligt löst för andning och rörelse.

Puis ils le jetèrent à nouveau dans la rivière tumultueuse et mortelle.

Sedan kastade de honom ner i den forsande, dödliga floden igen.

Buck nageait avec audace mais manquait son angle face à la force du courant.

Buck simmade djärvt men missade vinkeln in i strömmens kraft.

Il a vu trop tard qu'il allait dépasser Thornton.

Han insåg för sent att han skulle driva förbi Thornton.

Hans tira fort sur la corde, comme si Buck était un bateau en train de chavirer.

Hans ryckte i repet, som om Buck vore en kapsejsande båt.

Le courant l'a entraîné vers le fond et il a disparu sous la surface.

Strömmen drog honom under ytan, och han försvann under ytan.

Son corps a heurté la berge avant que Hans et Pete ne le sortent.

Hans kropp träffade banken innan Hans och Pete drog upp honom.

Il était à moitié noyé et ils l'ont chassé de l'eau.

Han var halvt drunknad, och de stampade vattnet ur honom.

Buck se leva, tituba et s'effondra à nouveau sur le sol.

Buck reste sig, vacklade och kollapsade återigen till marken.

Puis ils entendirent la voix de Thornton faiblement portée par le vent.

Sedan hörde de Thorntons röst svagt buren av vinden.

Même si les mots n'étaient pas clairs, ils savaient qu'il était proche de la mort.

Även om orden var oklara, visste de att han var nära döden.

Le son de la voix de Thornton frappa Buck comme une décharge électrique.

Ljudet av Thorntons röst träffade Buck som en elektrisk stöt.

Il sauta et courut sur la berge, retournant au point de lancement.

Han hoppade upp och sprang uppför stranden, återvändande till startpunkten.

Ils attachèrent à nouveau la corde à Buck, et il entra à nouveau dans le ruisseau.

Återigen band de repet fast vid Buck, och återigen gick han ner i bäcken.

Cette fois, il nagea directement et fermement dans l'eau tumultueuse.

Den här gången simmade han rakt och bestämt ner i det forsande vattnet.

Hans laissa sortir la corde régulièrement tandis que Pete l'empêchait de s'emmêler.

Hans släppte ut repet stadigt medan Pete hindrade det från att trassla ihop sig.

Buck a nagé avec acharnement jusqu'à ce qu'il soit aligné juste au-dessus de Thornton.

Buck simmade hårt tills han stod uppradad precis ovanför Thornton.

Puis il s'est retourné et a foncé comme un train à toute vitesse.

Sedan vände han och rusade ner som ett tåg i full fart.

Thornton le vit arriver, se redressa et entoura son cou de ses bras.

Thornton såg honom komma, rustad och låste armarna om hans hals.

Hans a attaché la corde fermement autour d'un arbre alors qu'ils étaient tous les deux entraînés sous l'eau.

Hans knöt repet fast runt ett träd när båda drogs under.

Ils ont dégringolé sous l'eau, s'écrasant contre des rochers et des débris de la rivière.

De tumlade under vattnet och krossade stenar och flodskräp.

Un instant, Buck était au sommet, l'instant d'après, Thornton se levait en haletant.

Ena stunden var Buck ovanpå, i nästa reste sig Thornton kippandes efter andan.

Battus et étouffés, ils se dirigèrent vers la rive et la sécurité.

Misshandlade och kvävda vek de av mot stranden och i säkerhet.

Thornton a repris connaissance, allongé sur un tronc d'arbre.

Thornton återfick medvetandet, liggandes tvärs över en drivstock.

Hans et Pete ont travaillé dur pour lui redonner souffle et vie.

Hans och Pete arbetade hårt med honom för att få honom att andas och få liv igen.

Sa première pensée fut pour Buck, qui gisait immobile et mou.

Hans första tanke var på Buck, som låg orörlig och slapp.

Nig hurla sur le corps de Buck et Skeet lui lécha doucement le visage.

Nig ylade över Bucks kropp, och Skeet slickade honom försiktigt i ansiktet.

Thornton, endolori et meurtri, examina Buck avec des mains prudentes.

Thornton, öm och blåslagen, undersökte Buck med försiktiga händer.

Il a trouvé trois côtes cassées, mais aucune blessure mortelle chez le chien.

Han fann tre brutna revben, men inga dödliga sår på hunden.

« C'est réglé », dit Thornton. « On campe ici. » Et c'est ce qu'ils firent.

"Det avgjorde saken", sa Thornton. "Vi campar här." Och det gjorde de.

Ils sont restés jusqu'à ce que les côtes de Buck soient guéries et qu'il puisse à nouveau marcher.

De stannade tills Bucks revben läkte och han kunde gå igen.

Cet hiver-là, Buck accomplit un exploit qui augmenta encore sa renommée.

Den vintern utförde Buck en bedrift som ytterligare höjde hans berömmelse.

C'était moins héroïque que de sauver Thornton, mais tout aussi impressionnant.

Det var mindre heroiskt än att rädda Thornton, men lika imponerande.

À Dawson, les partenaires avaient besoin de provisions pour un long voyage.

I Dawson behövde partnerna förnödenheter för en avlägsen resa.

Ils voulaient voyager vers l'Est, dans des terres sauvages et intactes.

De ville resa österut, in i orörda vildmarker.

L'acte de Buck dans l'Eldorado Saloon a rendu ce voyage possible.

Bucks dåd i Eldorado Saloon gjorde den resan möjlig.

Tout a commencé avec des hommes qui se vantaient de leurs chiens en buvant un verre.

Det började med att män skröt om sina hundar över drinkar.

La renommée de Buck a fait de lui la cible de défis et de doutes.

Bucks berömmelse gjorde honom till måltavla för utmaningar och tvivel.

Thornton, fier et calme, resta ferme dans la défense du nom de Buck.

Thornton, stolt och lugn, stod orubbligt fast vid sitt försvar av Bucks namn.

Un homme a déclaré que son chien pouvait facilement tirer deux cents kilos.

En man sa att hans hund kunde dra femhundra pund med lätthet.

Un autre a dit six cents, et un troisième s'est vanté d'en avoir sept cents.

En annan sa sexhundra, och en tredje skröt om sjuhundra.

« Pfft ! » dit John Thornton, « Buck peut tirer un traîneau de mille livres. »

"Pff!" sa John Thornton, "Buck kan dra en släde på tusen pund."

Matthewson, un roi de Bonanza, s'est penché en avant et l'a défié.

Matthewson, en Bonanzakung, lutade sig fram och utmanade honom.

« Tu penses qu'il peut mettre autant de poids en mouvement ? »

"Tror du att han kan lägga så mycket vikt i rörelse?"

« Et tu penses qu'il peut tirer le poids sur une centaine de mètres ? »

"Och du tror att han kan dra vikten hela hundra meter?"

Thornton répondit froidement : « Oui. Buck est assez doué pour le faire. »

Thornton svarade kyligt: "Ja. Buck är hund nog att göra det."

« Il mettra mille livres en mouvement et le tirera sur une centaine de mètres. »

"Han sätter tusen pund i rörelse och drar det hundra meter."

Matthewson sourit lentement et s'assura que tous les hommes entendaient ses paroles.

Matthewson log långsamt och försäkrade sig om att alla män hörde hans ord.

« J'ai mille dollars qui disent qu'il ne peut pas. Le voilà. »

"Jag har tusen dollar som det står att han inte kan. Där är det."

Il a claqué un sac de poussière d'or de la taille d'une saucisse sur le bar.

Han slängde en säck med gulddamm stor som korv på baren.

Personne ne dit un mot. Le silence devint pesant et tendu autour d'eux.

Ingen sa ett ord. Tystnaden blev tung och spänd omkring dem.

Le bluff de Thornton – s'il en était un – avait été pris au sérieux.

Thorntons bluff – om det nu var en – hade tagits på allvar.

Il sentit la chaleur monter sur son visage tandis que le sang affluait sur ses joues.

Han kände hettan stiga i ansiktet medan blodet forsade upp mot kinderna.

Sa langue avait pris le pas sur sa raison à ce moment-là.

Hans tunga hade överträffat hans förnuft i det ögonblicket.

Il ne savait vraiment pas si Buck pouvait déplacer mille livres.

Han visste verkligen inte om Buck kunde flytta tusen pund.

Une demi-tonne ! Rien que sa taille lui pesait le cœur.

Ett halvt ton! Bara storleken gjorde honom tung i hjärtat.

Il avait foi en la force de Buck et le pensait capable.

Han hade förtroende för Bucks styrka och hade ansett honom duglig.

Mais il n'avait jamais été confronté à ce genre de défi, pas comme celui-ci.

Men han hade aldrig mött den här typen av utmaning, inte som denna.

Une douzaine d'hommes l'observaient tranquillement, attendant de voir ce qu'il allait faire.

Ett dussin män iakttog honom tyst och väntade på att se vad han skulle göra.

Il n'avait pas d'argent, ni Hans ni Pete.

Han hade inte pengarna – inte heller Hans eller Pete.

« J'ai un traîneau dehors », dit Matthewson froidement et directement.

"Jag har en släde utomhus", sa Matthewson kallt och rättframt.

« Il est chargé de vingt sacs de cinquante livres chacun, tous de farine.

"Den är lastad med tjugo säckar, femtio pund styck, allt mjöl."

« Alors ne laissez pas un traîneau manquant devenir votre excuse maintenant ». a-t-il ajouté.

Så låt inte en saknad släde bli din ursäkt nu", tillade han.

Thornton resta silencieux. Il ne savait pas quels mots lui dire.

Thornton stod tyst. Han visste inte vilka ord han skulle säga.

Il regarda les visages autour de lui sans les voir clairement.

Han tittade sig omkring på ansiktena utan att se dem tydligt.

Il ressemblait à un homme figé dans ses pensées, essayant de redémarrer.

Han såg ut som en man som var fastfrusen i sina tankar och försökte starta om.

Puis il a vu Jim O'Brien, un ami de l'époque Mastodon.

Sedan såg han Jim O'Brien, en vän från Mastodont-dagarna.

Ce visage familier lui a donné un courage qu'il ne savait pas avoir.

Det bekanta ansiktet gav honom ett mod han inte visste att han hade.

Il se tourna et demanda à voix basse : « Peux-tu me prêter mille ? »

Han vände sig om och frågade med låg röst: "Kan du låna mig tusen?"

« Bien sûr », dit O'Brien, laissant déjà tomber un lourd sac près de l'or.

"Visst", sa O'Brien och släppte redan en tung säck vid guldet.

« Mais honnêtement, John, je ne crois pas que la bête puisse faire ça. »

"Men ärligt talat, John, jag tror inte att odjuret kan göra det här."

Tout le monde dans le Saloon Eldorado s'est précipité dehors pour voir l'événement.

Alla i Eldorado Saloon skyndade sig ut för att se evenemanget.

Ils ont laissé les tables et les boissons, et même les jeux ont été interrompus.

De lämnade bord och drycker, och till och med spelen pausades.

Les croupiers et les joueurs sont venus assister à la fin de ce pari audacieux.

Dealers och spelare kom för att bevittna det djärva vadets slut.

Des centaines de personnes se sont rassemblées autour du traîneau dans la rue glacée.

Hundratals samlades runt släden på den isiga öppna gatan.

Le traîneau de Matthewson était chargé d'une charge complète de sacs de farine.

Matthewsons släde stod med en full last av mjölsäckar.

Le traîneau était resté immobile pendant des heures à des températures négatives.

Kälken hade stått i timmar i minusgrader.

Les patins du traîneau étaient gelés et collés à la neige tassée.

Kälkens medar var fastfrusna i den hoppackade snön.

Les hommes ont offert une cote de deux contre un que Buck ne pourrait pas déplacer le traîneau.

Männen erbjöd två mot ett-odds på att Buck inte kunde flytta släden.

Une dispute a éclaté sur ce que signifiait réellement « sortir ».

En tvist utbröt om vad "utbrott" egentligen betydde.

O'Brien a déclaré que Thornton devrait desserrer la base gelée du traîneau.

O'Brien sa att Thornton borde lossa slädens frusna botten.

Buck pourrait alors « sortir » d'un départ solide et immobile.

Buck kunde sedan "bryta ut" från en stabil, orörlig start.

Matthewson a soutenu que le chien devait également libérer les coureurs.

Matthewson hävdade att hunden också måste släppa loss löparna.

Les hommes qui avaient entendu le pari étaient d'accord avec le point de vue de Matthewson.

Männen som hade hört vadet höll med Matthewsons åsikt.

Avec cette décision, les chances sont passées à trois contre un contre Buck.

Med det beslutet steg oddsen till tre mot ett mot Buck.

Personne ne s'est manifesté pour prendre en compte les chances croissantes de trois contre un.

Ingen klev fram för att acceptera de växande oddsen på tre mot ett.

Pas un seul homme ne croyait que Buck pouvait accomplir un tel exploit.

Inte en enda man trodde att Buck kunde utföra den stora bedriften.

Thornton s'était précipité dans le pari, lourd de doutes.

Thornton hade blivit involverad i vadet i hast, tyngd av tvivel.

Il regarda alors le traîneau et l'attelage de dix chiens à côté.

Nu tittade han på släden och det tiohunds stora spannet bredvid den.

En voyant la réalité de la tâche, elle semblait encore plus impossible.

Att se uppgiftens verklighet gjorde den mer omöjlig.

Matthewson était plein de fierté et de confiance à ce moment-là.

Matthewson var full av stolthet och självförtroende i det ögonblicket.

« Trois contre un ! » cria-t-il. « Je parie mille de plus, Thornton !

"Tre mot ett!" ropade han. "Jag slår vad om tusen till, Thornton!"

« Que dites-vous ? » ajouta-t-il, assez fort pour que tout le monde l'entende.

"Vad säger du?" tillade han, tillräckligt högt för att alla skulle höra.

Le visage de Thornton exprimait ses doutes, mais son esprit s'était élevé.

Thorntons ansikte visade hans tvivel, men hans mod hade stigit.

Cet esprit combatif ignorait les probabilités et ne craignait rien du tout.

Den kämparandan ignorerade oddsen och fruktade ingenting alls.

Il a appelé Hans et Pete pour apporter tout leur argent sur la table.

Han ringde Hans och Pete för att de skulle ta med sig alla sina pengar till bordet.

Il ne leur restait plus grand-chose : seulement deux cents dollars au total.

De hade inte mycket kvar – bara tvåhundra dollar tillsammans.

Cette petite somme représentait toute leur fortune pendant les temps difficiles.

Denna lilla summa var deras totala förmögenhet under svåra tider.

Pourtant, ils ont misé toute leur fortune contre le pari de Matthewson.

Ändå satsade de hela förmögenheten mot Matthewsons vad.

L'attelage de dix chiens a été dételé et éloigné du traîneau.

Tiohundsspannet kopplades loss och rörde sig bort från släden.

Buck a été placé dans les rênes, portant son harnais familier.

Buck placerades i tyglarna, iklädd sin välbekanta sele.

Il avait capté l'énergie de la foule et ressenti la tension.

Han hade fångat publikens energi och känt spänningen.

D'une manière ou d'une autre, il savait qu'il devait faire quelque chose pour John Thornton.

På något sätt visste han att han var tvungen att göra något för John Thornton.

Les gens murmuraient avec admiration devant la fière silhouette du chien.

Folk mumlade av beundran över hundens stolta figur.

Il était mince et fort, sans une seule once de chair supplémentaire.

Han var mager och stark, utan ett enda uns extra kött.

Son poids total de cent cinquante livres n'était que puissance et endurance.

Hans fulla vikt på hundrafemtio pund var ren kraft och uthållighet.

Le pelage de Buck brillait comme de la soie, épais de santé et de force.

Bucks päls glänste som siden, tjock av hälsa och styrka.

La fourrure le long de son cou et de ses épaules semblait se soulever et se hérisser.

Pälsen längs hans hals och axlar tycktes lyfta sig och borsta.

Sa crinière bougeait légèrement, chaque cheveu vivant de sa grande énergie.

Hans man rörde sig lätt, varje hårstrå levde av hans stora energi.

Sa large poitrine et ses jambes fortes correspondaient à sa silhouette lourde et robuste.

Hans breda bröstkorg och starka ben matchade hans tunga, tuffa kroppsbyggnad.

Des muscles ondulaient sous son manteau, tendus et fermes comme du fer lié.

Musklerna krusade sig under hans rock, spända och fasta som bundet järn.

Les hommes le touchaient et juraient qu'il était bâti comme une machine en acier.

Män rörde vid honom och svor att han var byggd som en stålmaskin.

Les chances ont légèrement baissé à deux contre un contre le grand chien.

Oddsen sjönk något till två mot ett mot den fantastiska hunden.

Un homme des bancs de Skookum s'avança en bégayant.

En man från Skookum-bänkarna knuffade sig fram, stammande.

« Bien, monsieur ! J'offre huit cents pour lui – avant l'examen, monsieur ! »

"Bra, herrn! Jag erbjuder åttahundra för honom – före provet, herrn!"

« Huit cents, tel qu'il est en ce moment ! » insista l'homme.

"Åtta hundra, som han står just nu!" insisterade mannen.

Thornton s'avança, sourit et secoua calmement la tête.

Thornton klev fram, log och skakade lugnt på huvudet.

Matthewson est rapidement intervenu avec une voix d'avertissement et un froncement de sourcils.

Matthewson ingrep snabbt med varnande röst och rynka pannan.

« Éloignez-vous de lui », dit-il. « Laissez-lui de l'espace. »

"Du måste ta ett steg bort från honom", sa han. "Ge honom utrymme."

La foule se tut ; seuls les joueurs continuaient à miser deux contre un.

Folkmassan blev tyst; endast spelare erbjöd fortfarande två mot ett.

Tout le monde admirait la carrure de Buck, mais la charge semblait trop lourde.

Alla beundrade Bucks kroppsbyggnad, men lasten såg för tung ut.

Vingt sacs de farine, pesant chacun cinquante livres, semblaient beaucoup trop.

Tjugo säckar mjöl – vardera femtio pund i vikt – verkade alldeles för mycket.

Personne n'était prêt à ouvrir sa bourse et à risquer son argent.

Ingen var villig att öppna sin påse och riskera sina pengar.

Thornton s'agenouilla à côté de Buck et prit sa tête à deux mains.

Thornton knäböjde bredvid Buck och tog hans huvud i båda händerna.

Il pressa sa joue contre celle de Buck et lui parla à l'oreille.

Han pressade sin kind mot Bucks och talade i hans öra.

Il n'y avait plus de secousses enjouées ni d'insultes affectueuses murmurées.

Det förekom inga lekfulla skakningar eller viskande kärleksfulla förolämpningar nu.

Il murmura simplement doucement : « Autant que tu m'aimes, Buck. »

Han mumlade bara mjukt: "Så mycket som du älskar mig, Buck."

Buck émit un gémissement silencieux, son impatience à peine contenue.

Buck släppte ifrån sig ett tyst gnäll, hans iver knappt tyglad.

Les spectateurs observaient avec curiosité la tension qui emplissait l'air.

Åskådarna tittade nyfiket på medan spänning fyllde luften.

Le moment semblait presque irréel, comme quelque chose qui dépassait la raison.

Ögonblicket kändes nästan overkligt, som något bortom all förnuft.

Lorsque Thornton se leva, Buck prit doucement sa main dans ses mâchoires.

När Thornton reste sig tog Buck försiktigt hans hand i sina käkar.

Il appuya avec ses dents, puis relâcha lentement et doucement.

Han tryckte ner med tänderna och släppte sedan taget långsamt och försiktigt.

C'était une réponse silencieuse d'amour, non prononcée, mais comprise.

Det var ett tyst svar av kärlek, inte uttalat, men förstått.

Thornton s'éloigna du chien et donna le signal.

Thornton tog ett bra steg tillbaka från hunden och gav signalen.

« Maintenant, Buck », dit-il, et Buck répondit avec un calme concentré.

"Nu, Buck", sa han, och Buck svarade med fokuserat lugn.

Buck a resserré les traces, puis les a desserrées de quelques centimètres.

Buck drog åt skenorna och lossade dem sedan några centimeter.

C'était la méthode qu'il avait apprise ; sa façon de briser le traîneau.

Det här var metoden han hade lärt sig; hans sätt att bryta släden.

« Tiens ! » cria Thornton, sa voix aiguë dans le silence pesant.

"Herregud!" ropade Thornton, hans röst skarp i den tunga tystnaden.

Buck se tourna vers la droite et se jeta de tout son poids.

Buck svängde åt höger och kastade sig fram med all sin vikt.

Le mou disparut et toute la masse de Buck heurta les lignes serrées.

Slaket försvann, och Bucks fulla massa träffade de snäva spåren.

Le traîneau tremblait et les patins émettaient un bruit de crépitement.

Kälken darrade, och medarna gav ifrån sig ett krispigt knastrande ljud.

« Haw ! » ordonna Thornton, changeant à nouveau la direction de Buck.

"Ha!" befallde Thornton och ändrade Bucks riktning igen.

Buck répéta le mouvement, cette fois en tirant brusquement vers la gauche.

Buck upprepade rörelsen, den här gången drog han skarpt åt vänster.

Le traîneau craquait plus fort, les patins claquaient et se déplaçaient.

Kälken knarrade högre, medarna knäppte och rörde sig.

La lourde charge glissait légèrement latéralement sur la neige gelée.

Den tunga lasten gled lätt i sidled över den frusna snön.

Le traîneau s'était libéré de l'emprise du sentier glacé !

Kälken hade lossnat från den isiga ledens grepp!

Les hommes retenaient leur souffle, ignorant qu'ils ne respiraient même pas.

Männen höll andan, omedvetna om att de inte ens andades.

« Maintenant, TIREZ ! » cria Thornton à travers le silence glacial.

"DRA NU!" ropade Thornton över den frusna tystnaden.

L'ordre de Thornton résonna fort, comme le claquement d'un fouet.

Thorntons kommando ljöd skarpt, som ljudet av en piska.

Buck se jeta en avant avec un mouvement violent et saccadé.

Buck kastade sig framåt med ett våldsamt och skakande utfall.

Tout son corps se tendit et se contracta sous l'énorme tension.

Hela hans kropp spändes och knöts ihop av den massiva påfrestningen.

Des muscles ondulaient sous sa fourrure comme des serpents prenant vie.

Musklerna krusade sig under hans päls likt ormar som vaknar till liv.

Sa large poitrine était basse, la tête tendue vers l'avant en direction du traîneau.

Hans stora bröstkorg var sänkt, huvudet sträckt framåt mot släden.

Ses pattes bougeaient comme l'éclair, ses griffes tranchant le sol gelé.

Hans tassar rörde sig som blixten, klor skar den frusna marken.

Des rainures ont été creusées profondément alors qu'il luttait pour chaque centimètre de traction.

Djupa spår skars upp medan han kämpade för varje centimeter av grepp.

Le traîneau se balança, trembla et commença un mouvement lent et agité.

Kälken gungade, darrade och började en långsam, orolig rörelse.

Un pied a glissé et un homme dans la foule a gémi à haute voix.

En fot halkade, och en man i folkmassan stönade högt.

Puis le traîneau s'élança en avant dans un mouvement saccadé et brusque.

Sedan kastade sig släden framåt i en ryckig, grov rörelse.

Cela ne s'est pas arrêté à nouveau - un demi-pouce... un pouce... deux pouces de plus.

Det stannade inte igen – en halv tum... en tum... två tum till.

Les secousses devinrent plus faibles à mesure que le traîneau commençait à prendre de la vitesse.

Ryckningarna blev mindre allt eftersom släden började öka i fart.

Bientôt, Buck tirait avec une puissance douce et régulière.

Snart drog Buck med mjuk, jämn, rullande kraft.

Les hommes haletèrent et finirent par se rappeler de respirer à nouveau.

Männen kippade efter andan och kom äntligen ihåg att andas igen.

Ils n'avaient pas remarqué que leur souffle s'était arrêté de stupeur.

De hade inte märkt att deras andedräkt hade upphört i vördnad.

Thornton courait derrière, lançant des ordres courts et joyeux.

Thornton sprang bakom och ropade korta, glada befallningar.

Devant nous se trouvait une pile de bois de chauffage qui marquait la distance.

Framför låg en hög med ved som markerade avståndet.

Alors que Buck s'approchait du tas, les acclamations devenaient de plus en plus fortes.

När Buck närmade sig högen blev jublet högre och högre.

Les acclamations se sont transformées en rugissement lorsque Buck a dépassé le point d'arrivée.

Jublet svällde till ett vrål när Buck passerade slutpunkten.

Les hommes ont sauté et crié, même Matthewson a esquissé un sourire.

Män hoppade och skrek, till och med Matthewson brast ut i ett flin.

Les chapeaux volaient dans les airs, les mitaines étaient lancées sans réfléchir ni viser.

Hattar flög upp i luften, vantar kastades utan tanke eller sikte.

Les hommes se sont attrapés et se sont serré la main sans savoir à qui.

Männen grep tag i varandra och skakade hand utan att veta vem.

Toute la foule bourdonnait d'une célébration folle et joyeuse.

Hela folkmassan surrade av vilt, glädjefyllt jubel.

Thornton tomba à genoux à côté de Buck, les mains tremblantes.

Thornton föll ner på knä bredvid Buck med darrande händer.

Il pressa sa tête contre celle de Buck et le secoua doucement d'avant en arrière.

Han tryckte sitt huvud mot Bucks och skakade honom försiktigt fram och tillbaka.

Ceux qui s'approchaient l'entendaient maudire le chien avec un amour silencieux.

De som närmade sig hörde honom förbanna hunden med stillsam kärlek.

Il a insulté Buck pendant un long moment, doucement, chaleureusement, avec émotion.

Han svor åt Buck länge – mjukt, varmt, med känslor.

« Bien, monsieur ! Bien, monsieur ! » s'écria précipitamment le roi du Banc Skookum.

"Bra, herrn! Bra, herrn!" ropade Skookum-bänkskungen i all hast.

« Je vous donne mille, non, douze cents, pour ce chien, monsieur ! »

"Jag ger er tusen – nej, tolvhundra – för den där hunden, herrn!"

Thornton se leva lentement, les yeux brillants d'émotion.

Thornton reste sig långsamt upp, hans ögon lyste av känslor.

Les larmes coulaient ouvertement sur ses joues sans aucune honte.

Tårar strömmade öppet nerför hans kinder utan någon skam.

« Monsieur », dit-il au roi du banc Skookum, ferme et posé.

"Herre", sade han till kungen av Skookum-bänken, stadig och bestämd

« Non, monsieur. Allez au diable, monsieur. C'est ma réponse définitive. »

"Nej, sir. Ni kan dra åt helvete, sir. Det är mitt slutgiltiga svar."

Buck attrapa doucement la main de Thornton dans ses mâchoires puissantes.

Buck grep försiktigt Thorntons hand med sina starka käkar.

Thornton le secoua de manière enjouée, leur lien étant plus profond que jamais.

Thornton skakade honom lekfullt, deras band var lika djupt som alltid.

La foule, émue par l'instant, recula en silence.

Folkmassan, berörd av ögonblicket, tog ett tyst steg tillbaka.

Dès lors, personne n'osa interrompre cette affection si sacrée.

Från och med då vågade ingen avbryta sådan helig tillgivenhet.

Le son de l'appel
Ljudet av samtalet

Buck avait gagné seize cents dollars en cinq minutes.
Buck hade tjänat sextonhundra dollar på fem minuter.
Cet argent a permis à John Thornton de payer une partie de ses dettes.
Pengarna lät John Thornton betala av en del av sina skulder.
Avec le reste de l'argent, il se dirigea vers l'Est avec ses partenaires.
Med resten av pengarna begav han sig österut med sina partners.
Ils cherchaient une mine perdue légendaire, aussi vieille que le pays lui-même.
De sökte efter en sägenomspunnen förlorad gruva, lika gammal som landet självt.
Beaucoup d'hommes avaient cherché la mine, mais peu l'avaient trouvée.
Många män hade letat efter gruvan, men få hade någonsin hittat den.
Plus d'un homme avait disparu au cours de cette quête dangereuse.
Mer än ett fåtal män hade försvunnit under den farliga jakten.
Cette mine perdue était enveloppée à la fois de mystère et d'une vieille tragédie.
Denna förlorade gruva var insvept i både mystik och gammal tragedi.
Personne ne savait qui avait été le premier homme à découvrir la mine.

Ingen visste vem den första mannen som hittade gruvan hade varit.

Les histoires les plus anciennes ne mentionnent personne par son nom.

De äldsta berättelserna nämner ingen vid namn.

Il y avait toujours eu là une vieille cabane délabrée.

Där hade alltid funnits en gammal fallfärdig stuga.

Des hommes mourants avaient juré qu'il y avait une mine à côté de cette vieille cabane.

Döende män hade svurit att det fanns en gruva bredvid den gamla stugan.

Ils ont prouvé leurs histoires avec de l'or comme on n'en trouve nulle part ailleurs.

De bevisade sina historier med guld som inget annat finns.

Aucune âme vivante n'avait jamais pillé le trésor de cet endroit.

Ingen levande själ hade någonsin plundrat skatten från den platsen.

Les morts étaient morts, et les morts ne racontent pas d'histoires.

De döda var döda, och döda män berättar inga historier.

Thornton et ses amis se dirigèrent donc vers l'Est.

Så Thornton och hans vänner begav sig österut.

Pete et Hans se sont joints à eux, amenant Buck et six chiens forts.

Pete och Hans anslöt sig, medförande Buck och sex starka hundar.

Ils se sont lancés sur un chemin inconnu là où d'autres avaient échoué.

De gav sig av in på en okänd stig där andra hade misslyckats.

Ils ont parcouru soixante-dix milles en traîneau sur le fleuve Yukon gelé.

De åkte kälk drygt sju mil uppför den frusna Yukonfloden.

Ils tournèrent à gauche et suivirent le sentier jusqu'au Stewart.

De svängde vänster och följde leden in i Stewart.

Ils passèrent le Mayo et le McQuestion, poursuivant leur route.

De passerade Mayo och McQuestion och fortsatte vidare.

Le Stewart s'est rétréci en un ruisseau, traversant des pics déchiquetés.

Stewartfloden krympte in i en bäck och släpade sig längs spetsiga toppar.

Ces pics acérés marquaient l'épine dorsale même du continent.

Dessa vassa toppar markerade själva kontinentens ryggrad.

John Thornton exigeait peu des hommes ou de la nature sauvage.

John Thornton krävde föga av människor eller det vilda landskapet.

Il ne craignait rien dans la nature et affrontait la nature sauvage avec aisance.

Han fruktade ingenting i naturen och mötte vildmarken med lätthet.

Avec seulement du sel et un fusil, il pouvait voyager où il le souhaitait.

Med bara salt och ett gevär kunde han resa vart han ville.

Comme les indigènes, il chassait de la nourriture pendant ses voyages.

Liksom infödingarna jagade han mat medan han färdades.

S'il n'attrapait rien, il continuait, confiant en la chance qui l'attendait.

Om han inte fångade något fortsatte han och litade på turen.

Au cours de ce long voyage, la viande était la principale nourriture qu'ils mangeaient.

På denna långa resa var kött det viktigaste de åt.

Le traîneau contenait des outils et des munitions, mais aucun horaire strict.

Släden innehöll verktyg och ammunition, men inget strikt tidtabell.

Buck adorait cette errance, la chasse et la pêche sans fin.

Buck älskade detta irrande; den oändliga jakten och fisket.

Pendant des semaines, ils ont voyagé jour après jour.

I veckor reste de dag efter stadig dag.

D'autres fois, ils établissaient des camps et restaient immobiles pendant des semaines.

Andra gånger slog de läger och stannade stilla i veckor.

Les chiens se reposaient pendant que les hommes creusaient dans la terre gelée.

Hundarna vilade medan männen grävde genom frusen jord.

Ils chauffaient des poêles sur des feux et cherchaient de l'or caché.

De värmde pannor över eldar och letade efter gömt guld.

Certains jours, ils souffraient de faim, et d'autres jours, ils faisaient des festins.

Vissa dagar svalt de, och andra dagar hade de fester.

Leurs repas dépendaient du gibier et de la chance de la chasse.

Deras måltider berodde på viltet och jaktturen.

Quand l'été arrivait, les hommes et les chiens chargeaient des charges sur leur dos.

När sommaren kom packade män och hundar bördor på sina ryggar.

Ils ont fait du rafting sur des lacs bleus cachés dans des forêts de montagne.

De forsrännade över blå sjöar gömda i bergskogar.

Ils naviguaient sur des bateaux minces sur des rivières qu'aucun homme n'avait jamais cartographiées.

De seglade smala båtar på floder som ingen människa någonsin hade kartlagt.

Ces bateaux ont été construits à partir d'arbres sciés dans la nature.

De där båtarna byggdes av träd som de sågade i naturen.

Les mois passèrent et ils sillonnèrent des terres sauvages et inconnues.

Månaderna gick, och de slingrade sig genom de vilda okända länderna.

Il n'y avait pas d'hommes là-bas, mais de vieilles traces suggéraient qu'il y en avait eu.

Det fanns inga män där, men gamla spår antydde att det hade funnits män.

Si la Cabane Perdue était réelle, alors d'autres étaient déjà passés par là.

Om den förlorade stugan var verklig, så hade andra en gång kommit hit.

Ils traversaient des cols élevés dans des blizzards, même pendant l'été.

De korsade höga pass i snöstormar, även under sommaren.

Ils frissonnaient sous le soleil de minuit sur les pentes nues des montagnes.

De huttrade under midnattssolen på kala bergssluttningar.

Entre la limite des arbres et les champs de neige, ils montaient lentement.

Mellan trädgränsen och snöfälten klättrade de långsamt.

Dans les vallées chaudes, ils écrasaient des nuages de moucherons et de mouches.

I varma dalar slog de mot moln av knott och flugor.

Ils cueillaient des baies sucrées près des glaciers en pleine floraison estivale.

De plockade söta bär nära glaciärer i full sommarblomning.

Les fleurs qu'ils ont trouvées étaient aussi belles que celles du Southland.

Blommorna de hittade var lika vackra som de i Söderlandet.

Cet automne-là, ils atteignirent une région solitaire remplie de lacs silencieux.

Den hösten nådde de en enslig region fylld med tysta sjöar.

La terre était triste et vide, autrefois pleine d'oiseaux et de bêtes.

Landet var sorgset och tomt, en gång levt av fåglar och djur.

Il n'y avait plus de vie, seulement le vent et la glace qui se formait dans les flaques.

Nu fanns det inget liv, bara vinden och isen som bildades i pölar.

Les vagues s'écrasaient sur les rivages déserts avec un son doux et lugubre.

Vågor sköljde mot tomma stränder med ett mjukt, sorgset ljud.

Un autre hiver arriva et ils suivirent à nouveau de vieux sentiers lointains.
Ännu en vinter kom, och de följde återigen svaga, gamla stigar.
C'étaient les traces d'hommes qui les avaient cherchés bien avant eux.
Dessa var spåren efter män som hade sökt långt före dem.
Un jour, ils trouvèrent un chemin creusé profondément dans la forêt sombre.
En gång hittade de en stig djupt in i den mörka skogen.
C'était un vieux sentier, et ils sentaient que la cabane perdue était proche.
Det var en gammal stig, och de kände att den förlorade stugan var nära.
Mais le sentier ne menait nulle part et s'enfonçait dans les bois épais.
Men stigen ledde ingenstans och bleknade bort in i den täta skogen.
Personne ne savait qui avait fait ce sentier et pourquoi.
Vem som än gjorde leden, och varför de gjorde den, visste ingen.
Plus tard, ils ont trouvé l'épave d'un lodge caché parmi les arbres.
Senare hittade de vraket av en stuga gömd bland träden.
Des couvertures pourries gisaient éparpillées là où quelqu'un avait dormi.
Ruttnande filtar låg utspridda där någon en gång hade sovit.
John Thornton a trouvé un fusil à silex à long canon enterré à l'intérieur.
John Thornton hittade ett flintlås med lång pipa begravt inuti.
Il savait qu'il s'agissait d'un fusil de la Baie d'Hudson depuis les premiers jours de son commerce.
Han visste att detta var en Hudson Bay-kanon från tidiga handelsdagar.

À cette époque, ces armes étaient échangées contre des piles de peaux de castor.

På den tiden byttes sådana vapen mot högar av bäverskinn.

C'était tout : il ne restait aucune trace de l'homme qui avait construit le lodge.

Det var allt – ingen ledtråd återstod om mannen som byggt stugan.

Le printemps est revenu et ils n'ont trouvé aucun signe de la Cabane Perdue.

Våren kom igen, och de fann inga tecken på den Försvunna Stugan.

Au lieu de cela, ils trouvèrent une large vallée avec un ruisseau peu profond.

Istället fann de en bred dal med en grund bäck.

L'or recouvrait le fond des casseroles comme du beurre jaune et lisse.

Guld låg över pannbottnarna som slätt, gult smör.

Ils s'arrêtèrent là et ne cherchèrent plus la cabane.

De stannade där och letade inte längre efter stugan.

Chaque jour, ils travaillaient et trouvaient des milliers de pièces d'or en poudre.

Varje dag arbetade de och fann tusentals i gulddamm.

Ils ont emballé l'or dans des sacs de peau d'élan, de cinquante livres chacun.

De packade guldet i påsar med älgskinn, femtio pund styck.

Les sacs étaient empilés comme du bois de chauffage à l'extérieur de leur petite loge.

Väskorna var staplade som ved utanför deras lilla stuga.

Ils travaillaient comme des géants et les jours passaient comme des rêves rapides.

De arbetade som jättar, och dagarna gick som snabba drömmar.

Ils ont amassé des trésors au fil des jours sans fin.

De samlade skatter medan de oändliga dagarna snabbt rann förbi.

Les chiens n'avaient pas grand-chose à faire, à part transporter de la viande de temps en temps.

Det fanns inte mycket för hundarna att göra förutom att bära kött då och då.

Thornton chassait et tuait le gibier, et Buck restait allongé près du feu.

Thornton jagade och dödade viltet, och Buck låg vid elden.

Il a passé de longues heures en silence, perdu dans ses pensées et ses souvenirs.

Han tillbringade långa timmar i tystnad, försjunken i tankar och minnen.

L'image de l'homme poilu revenait de plus en plus souvent à l'esprit de Buck.

Bilden av den hårige mannen dök upp allt oftare i Bucks sinne.

Maintenant que le travail se faisait rare, Buck rêvait en clignant des yeux devant le feu.

Nu när arbetet var knappt, drömde Buck medan han blinkade mot elden.

Dans ces rêves, Buck errait avec l'homme dans un autre monde.

I de drömmarna vandrade Buck med mannen i en annan värld.

La peur semblait être le sentiment le plus fort dans ce monde lointain.

Rädsla verkade vara den starkaste känslan i den avlägsna världen.

Buck vit l'homme poilu dormir avec la tête baissée.

Buck såg den hårige mannen sova med huvudet sänkt.

Ses mains étaient jointes et son sommeil était agité et interrompu.

Hans händer var knäppta, och hans sömn var orolig och avbruten.

Il se réveillait en sursaut et regardait avec crainte dans le noir.

Han brukade vakna med ett ryck och stirra förskräckt in i mörkret.

Ensuite, il jetait plus de bois sur le feu pour garder la flamme vive.

Sedan kastade han mer ved på elden för att hålla lågan stark.

Parfois, ils marchaient le long d'une plage au bord d'une mer grise et infinie.

Ibland promenerade de längs en strand vid ett grått, oändligt hav.

L'homme poilu ramassait des coquillages et les mangeait en marchant.

Den hårige mannen plockade skaldjur och åt dem medan han gick.

Ses yeux cherchaient toujours des dangers cachés dans l'ombre.

Hans ögon sökte alltid efter dolda faror i skuggorna.

Ses jambes étaient toujours prêtes à sprinter au premier signe de menace.

Hans ben var alltid redo att spurta vid första tecken på hot.

Ils rampaient à travers la forêt, silencieux et méfiants, côte à côte.

De smög genom skogen, tysta och vaksamma, sida vid sida.

Buck le suivit sur ses talons, et tous deux restèrent vigilants.

Buck följde i hans hästar, och båda förblev vaksamma.

Leurs oreilles frémissaient et bougeaient, leurs nez reniflaient l'air.

Deras öron ryckte och rörde sig, deras näsor sniffade i luften.

L'homme pouvait entendre et sentir la forêt aussi intensément que Buck.

Mannen kunde höra och känna lukten av skogen lika skarpt som Buck.

L'homme poilu se balançait à travers les arbres avec une vitesse soudaine.

Den hårige mannen svängde sig genom träden med plötslig hastighet.

Il sautait de branche en branche, sans jamais lâcher prise.

Han hoppade från gren till gren och tappade aldrig greppet.

Il se déplaçait aussi vite au-dessus du sol que sur celui-ci.

Han rörde sig lika snabbt ovanför marken som han gjorde på den.

Buck se souvenait des longues nuits passées sous les arbres, à veiller.

Buck mindes långa nätter under träden, där han höll vakt.

L'homme dormait perché dans les branches, s'accrochant fermement.

Mannen sov och hvilade i grenarna och klamrade sig hårt fast.

Cette vision de l'homme poilu était étroitement liée à l'appel des profondeurs.

Denna syn av den hårige mannen var nära knuten till det djupa kallet.

L'appel résonnait toujours à travers la forêt avec une force obsédante.

Ropet ljöd fortfarande genom skogen med spöklik kraft.

L'appel remplit Buck de désir et d'un sentiment de joie incessant.

Samtalet fyllde Buck med längtan och en rastlös känsla av glädje.

Il ressentait d'étranges pulsions et des frémissements qu'il ne pouvait nommer.

Han kände märkliga drifter och impulser som han inte kunde namnge.

Parfois, il suivait l'appel au plus profond des bois tranquilles.

Ibland följde han kallelsen djupt in i den tysta skogen.

Il cherchait l'appel, aboyant doucement ou fort au fur et à mesure.

Han sökte efter ropet och skällde mjukt eller skarpt allt eftersom han gick.

Il renifla la mousse et la terre noire où poussaient les herbes.

Han luktade på mossan och den svarta jorden där gräset växte.

Il renifla de plaisir aux riches odeurs de la terre profonde.

Han fnös av förtjusning åt de rika dofterna från den djupa jorden.

Il s'est accroupi pendant des heures derrière des troncs couverts de champignons.

Han hukade sig i timmar bakom stammar täckta av svamp.

Il resta immobile, écoutant les yeux écarquillés chaque petit bruit.

Han stod stilla och lyssnade med stora ögon på varje litet ljud.

Il espérait peut-être surprendre la chose qui avait lancé l'appel.

Han kanske hoppades kunna överraska den sak som ringde.

Il ne savait pas pourquoi il agissait de cette façon, il le faisait simplement.

Han visste inte varför han agerade så här – han bara gjorde det.

Les pulsions venaient du plus profond de moi, au-delà de la pensée ou de la raison.

Driften kom djupt inifrån, bortom tanke eller förnuft.

Des envies irrésistibles s'emparèrent de Buck sans avertissement ni raison.

Oemotståndliga drifter grep tag i Buck utan förvarning eller anledning.

Parfois, il somnolait paresseusement dans le camp sous la chaleur de midi.

Ibland slumrade han lojt i lägret i middagsvärmen.

Soudain, sa tête se releva et ses oreilles se dressèrent en alerte.

Plötsligt lyftes hans huvud och hans öron skjuter i höjden.

Puis il se leva d'un bond et se précipita dans la nature sans s'arrêter.

Sedan sprang han upp och rusade ut i vildmarken utan att stanna.

Il a couru pendant des heures à travers les sentiers forestiers et les espaces ouverts.

Han sprang i timmar genom skogsstigar och öppna ytor.

Il aimait suivre les lits des ruisseaux asséchés et espionner les oiseaux dans les arbres.

Han älskade att följa torra bäckfåror och spionera på fåglar i träden.

Il pouvait rester caché toute la journée, à regarder les perdrix se pavaner.

Han kunde ligga gömd hela dagen och titta på rapphöns som spatserade omkring.

Ils tambourinaient et marchaient, inconscients de la présence de Buck.

De trummade och marscherade, omedvetna om Bucks stilla närvaro.

Mais ce qu'il aimait le plus, c'était courir au crépuscule en été.

Men det han älskade mest var att springa i skymningen på sommaren.

La faible lumière et les bruits endormis de la forêt le remplissaient de joie.

Det svaga ljuset och de sömniga skogsljuden fyllde honom med glädje.

Il lisait les panneaux forestiers aussi clairement qu'un homme lit un livre.

Han läste skogens tecken lika tydligt som en man läser en bok.

Et il cherchait toujours la chose étrange qui l'appelait.

Och han sökte alltid efter den märkliga saken som kallade på honom.

Cet appel ne s'est jamais arrêté : il l'atteignait qu'il soit éveillé ou endormi.

Den kallelsen upphörde aldrig – den nådde honom vaken eller sovande.

Une nuit, il se réveilla en sursaut, les yeux perçants et les oreilles hautes.

En natt vaknade han ryckte till, med skarpa ögon och höga öron.

Ses narines se contractaient tandis que sa crinière se dressait en vagues.

Hans näsborrar ryckte till medan hans man stod borstig i vågor.

Du plus profond de la forêt, le son résonna à nouveau, le vieil appel.

Från djupet av skogen kom ljudet igen, det gamla ropet.

Cette fois, le son résonnait clairement, un hurlement long, obsédant et familier.

Den här gången ljöd ljudet tydligt, ett långt, spöklikt, bekant ylande.

C'était comme le cri d'un husky, mais d'un ton étrange et sauvage.

Det var som en huskys rop, men konstigt och vilt i tonen.

Buck reconnut immédiatement le son – il avait entendu exactement le même son depuis longtemps.

Buck kände igen ljudet genast – han hade hört exakt det ljudet för länge sedan.

Il sauta à travers le camp et disparut rapidement dans les bois.

Han hoppade genom lägret och försvann snabbt in i skogen.

Alors qu'il s'approchait du bruit, il ralentit et se déplaça avec précaution.

När han närmade sig ljudet saktade han ner och rörde sig försiktigt.

Bientôt, il atteignit une clairière entre d'épais pins.

Snart nådde han en glänta mellan täta tallar.

Là, debout sur ses pattes arrière, était assis un loup des bois grand et maigre.

Där, upprätt på bakbenen, satt en lång, mager skogsvarg.

Le nez du loup pointait vers le ciel, résonnant toujours de l'appel.

Vargens nos pekade mot himlen, fortfarande ekande av ropet.

Buck n'avait émis aucun son, mais le loup s'arrêta et écouta.

Buck hade inte låtit ifrån sig något ljud, ändå stannade vargen och lyssnade.

Sentant quelque chose, le loup se tendit, scrutant l'obscurité.

Vargen kände något, spände sig och sökte i mörkret.

Buck apparut en rampant, le corps bas, les pieds immobiles sur le sol.

Buck smög sig in i sikte, med låg kropp och fötterna tysta på marken.

Sa queue était droite, son corps enroulé sous la tension.

Hans svans var rak, hans kropp spänd av spänning.

Il a montré à la fois une menace et une sorte d'amitié brutale.

Han visade både hot och ett slags rå vänskap.

C'était le salut prudent partagé par les bêtes sauvages.

Det var den försiktiga hälsning som delas av vilda djur.

Mais le loup se retourna et s'enfuit dès qu'il vit Buck.

Men vargen vände sig om och flydde så fort den såg Buck.

Buck se lança à sa poursuite, sautant sauvagement, désireux de le rattraper.

Buck jagade efter den, hoppade vilt, ivrig att hinna om den.

Il suivit le loup dans un ruisseau asséché bloqué par un embâcle.

Han följde vargen in i en torr bäck som var blockerad av en timmerstockning.

Acculé, le loup se retourna et tint bon.

Inträngd i ett hörn snurrade vargen om och stod fast.

Le loup grognait et claquait comme un chien husky pris au piège dans un combat.

Vargen morrade och fräste som en instängd huskyhund i ett slagsmål.

Les dents du loup claquaient rapidement, son corps se hérissant d'une fureur sauvage.

Vargens tänder klickade snabbt, dess kropp borstade av vild ursinne.

Buck n'attaqua pas mais encercla le loup avec une gentillesse prudente.

Buck attackerade inte utan gick omgivande runt vargen med försiktig vänlighet.

Il a essayé de bloquer sa fuite par des mouvements lents et inoffensifs.

Han försökte hindra sin flykt med långsamma, ofarliga rörelser.

Le loup était méfiant et effrayé : Buck le dépassait trois fois.

Vargen var vaksam och rädd – Buck var tre gånger starkare än honom.

La tête du loup atteignait à peine l'épaule massive de Buck.

Vargens huvud nådde knappt upp till Bucks massiva axel.

À l'affût d'une brèche, le loup s'est enfui et la poursuite a repris.

Vargen spanade efter en lucka, flydde och jakten började igen.

Plusieurs fois, Buck l'a coincé et la danse s'est répétée.

Flera gånger trängde Buck honom in i ett hörn, och dansen upprepade sig.

Le loup était maigre et faible, sinon Buck n'aurait pas pu l'attraper.

Vargen var mager och svag, annars kunde Buck inte ha fångat honom.

Chaque fois que Buck s'approchait, le loup se retournait et lui faisait face avec peur.

Varje gång Buck närmade sig snurrade vargen runt och mötte honom i rädsla.

Puis, à la première occasion, il s'est précipité dans les bois une fois de plus.

Sedan, vid första chansen, rusade han iväg in i skogen igen.

Mais Buck n'a pas abandonné et finalement le loup a fini par lui faire confiance.

Men Buck gav inte upp, och till slut började vargen lita på honom.

Il renifla le nez de Buck, et les deux devinrent joueurs et alertes.

Han snörvlade Bucks näsa, och de två blev lekfulla och vaksamma.

Ils jouaient comme des animaux sauvages, féroces mais timides dans leur joie.

De lekte som vilda djur, vildsinta men blyga i sin glädje.

Au bout d'un moment, le loup s'éloigna au trot avec un calme déterminé.

Efter en stund travade vargen iväg med lugnt och avsiktligt.

Il a clairement montré à Buck qu'il voulait être suivi.

Han visade tydligt Buck att han ville bli förföljd.

Ils couraient côte à côte dans l'obscurité du crépuscule.

De sprang sida vid sida genom skymningsmörkret.

Ils suivirent le lit du ruisseau jusqu'à la gorge rocheuse.

De följde bäckfåran upp i den klippiga ravinen.

Ils traversèrent une ligne de partage des eaux froide où le ruisseau avait pris sa source.

De korsade en kall klyfta där strömmen hade börjat.

Sur la pente la plus éloignée, ils trouvèrent une vaste forêt et de nombreux ruisseaux.

På den bortre sluttningen fann de vidsträckt skog och många bäckar.

À travers ce vaste territoire, ils ont couru pendant des heures sans s'arrêter.

Genom detta vidsträckta land sprang de i timmar utan att stanna.

Le soleil se leva plus haut, l'air devint chaud, mais ils continuèrent à courir.

Solen steg högre, luften blev varmare, men de sprang vidare.

Buck était rempli de joie : il savait qu'il répondait à son appel.

Buck var fylld av glädje – han visste att han svarade på sitt kall.

Il courut à côté de son frère de la forêt, plus près de la source de l'appel.

Han sprang bredvid sin skogsbror, närmare källan till samtalet.

De vieux sentiments sont revenus, puissants et difficiles à ignorer.

Gamla känslor återvände, starka och svåra att ignorera.

C'étaient les vérités derrière les souvenirs de ses rêves.

Det här var sanningarna bakom minnena från hans drömmar.

Il avait déjà fait tout cela auparavant, dans un monde lointain et obscur.

Han hade gjort allt detta förut i en avlägsen och skuggig värld.

Il recommença alors, courant librement avec le ciel ouvert au-dessus.

Nu gjorde han detta igen, och sprang vilt med den öppna himlen ovanför.

Ils s'arrêtèrent près d'un ruisseau pour boire l'eau froide qui coulait.

De stannade vid en bäck för att dricka av det kalla, strömmande vattnet.

Alors qu'il buvait, Buck se souvint soudain de John Thornton.

Medan han drack kom Buck plötsligt ihåg John Thornton.

Il s'assit en silence, déchiré par l'attrait de la loyauté et de l'appel.

Han satte sig ner i tystnad, sliten av lojalitetens och kallelsens dragningskraft.

Le loup continua à trotter, mais revint pour pousser Buck à avancer.

Vargen travade vidare, men kom tillbaka för att mana Buck framåt.

Il renifla son nez et essaya de le cajoler avec des gestes doux.

Han snörvlade på näsan och försökte locka honom med mjuka gester.

Mais Buck se retourna et reprit le chemin par lequel il était venu.

Men Buck vände sig om och började gå tillbaka samma väg som han kommit.

Le loup courut à côté de lui pendant un long moment, gémissant doucement.

Vargen sprang bredvid honom en lång stund och gnällde tyst.

Puis il s'assit, leva le nez et poussa un long hurlement.

Sedan satte han sig ner, höjde på näsan och släppte ut ett långt ylande.

C'était un cri lugubre, qui s'adoucit à mesure que Buck s'éloignait.

Det var ett sorgset skrik som mjuknade när Buck gick därifrån.

Buck écouta le son du cri s'estomper lentement dans le silence de la forêt.

Buck lyssnade medan ljudet av ropet långsamt försvann in i skogens tystnad.

John Thornton était en train de dîner lorsque Buck a fait irruption dans le camp.

John Thornton åt middag när Buck stormade in i lägret.

Buck sauta sauvagement sur lui, le léchant, le mordant et le faisant culbuter.

Buck hoppade vilt på honom, slickade, bet och fällde honom.

Il l'a renversé, s'est hissé dessus et l'a embrassé sur le visage.

Han välte honom, klättrade upp på honom och kysste honom i ansiktet.

Thornton appelait cela avec affection « jouer le fou du commun ».

Thornton kallade detta att "spela den allmänna dåren" med tillgivenhet.

Pendant tout ce temps, il maudissait doucement Buck et le secouait d'avant en arrière.

Hela tiden förbannade han Buck milt och skakade honom fram och tillbaka.

Pendant deux jours et deux nuits entières, Buck n'a pas quitté le camp une seule fois.

I två hela dagar och nätter lämnade Buck inte lägret en enda gång.

Il est resté proche de Thornton et ne l'a jamais quitté des yeux.

Han höll sig nära Thornton och släppte honom aldrig ur sikte.

Il le suivait pendant qu'il travaillait et le regardait pendant qu'il mangeait.

Han följde honom medan han arbetade och iakttog honom medan han åt.

Il voyait Thornton dans ses couvertures la nuit et dehors chaque matin.

Han såg Thornton ligga nere i sina filtar på natten och vara ute varje morgon.

Mais bientôt l'appel de la forêt revint, plus fort que jamais.

Men snart återvände skogens rop, högre än någonsin förr.

Buck devint à nouveau agité, agité par les pensées du loup sauvage.

Buck blev rastlös igen, upprörd av tankar på den vilda vargen.

Il se souvenait de la terre ouverte et de la course côte à côte.

Han mindes det öppna landskapet och att de sprang sida vid sida.

Il commença à errer à nouveau dans la forêt, seul et alerte.

Han började vandra in i skogen igen, ensam och vaken.

Mais le frère sauvage ne revint pas et le hurlement ne fut pas entendu.

Men den vilde brodern återvände inte, och ylandet hördes inte.

Buck a commencé à dormir dehors, restant absent pendant des jours.

Buck började sova utomhus och höll sig borta i flera dagar i sträck.

Une fois, il traversa la haute ligne de partage des eaux où le ruisseau commençait.

En gång korsade han den höga klyftan där bäcken hade börjat.

Il entra dans le pays des bois sombres et des larges ruisseaux.

Han kom in i det mörka skogslandet och de vida, strömmande bäckarna.

Pendant une semaine, il a erré, à la recherche de signes de son frère sauvage.

I en vecka vandrade han omkring och letade efter tecken på den vilde brodern.

Il tuait sa propre viande et voyageait à grands pas, sans relâche.

Han dödade sitt eget kött och färdades med långa, outtröttliga steg.

Il pêchait le saumon dans une large rivière qui se jetait dans la mer.

Han fiskade lax i en bred älv som nådde havet.

Là, il combattit et tua un ours noir rendu fou par les insectes.

Där kämpade han mot och dödade en svartbjörn som var galen av insekter.

L'ours était en train de pêcher et courait aveuglément à travers les arbres.

Björnen hade fiskat och sprang i blindo genom träden.

La bataille fut féroce, réveillant le profond esprit combatif de Buck.

Striden var hård och väckte Bucks djupa kampanda.

Deux jours plus tard, Buck est revenu et a trouvé des carcajous près de sa proie.

Två dagar senare återvände Buck och fann järvar vid sitt byte.

Une douzaine d'entre eux se disputaient la viande avec une fureur bruyante.

Ett dussin av dem grälade om köttet i högljudd ursinne.

Buck chargea et les dispersa comme des feuilles dans le vent.

Buck anföll och spred dem som löv i vinden.

Deux loups restèrent derrière, silencieux, sans vie et immobiles pour toujours.

Två vargar blev kvar – tysta, livlösa och orörliga för evigt.

La soif de sang était plus forte que jamais.

Blodstörsten blev starkare än någonsin.

Buck était un chasseur, un tueur, se nourrissant de créatures vivantes.

Buck var en jägare, en mördare, som livnärde sig på levande varelser.

Il a survécu seul, en s'appuyant sur sa force et ses sens aiguisés.

Han överlevde ensam, förlitande på sin styrka och sina skarpa sinnen.

Il prospérait dans la nature, où seuls les plus résistants pouvaient vivre.

Han trivdes i det vilda, där bara de tuffaste fick leva.

De là, une grande fierté s'éleva et remplit tout l'être de Buck.

Ur detta steg en stor stolthet upp och fyllde hela Bucks varelse.

Sa fierté se reflétait dans chacun de ses pas, dans le mouvement de chacun de ses muscles.

Hans stolthet syntes i varje steg, i varje muskels krusning.

Sa fierté était aussi claire qu'un discours, visible dans la façon dont il se comportait.

Hans stolthet var lika tydlig som tal, vilket syntes i hur han bar sig.

Même son épais pelage semblait plus majestueux et brillait davantage.

Till och med hans tjocka päls såg majestätiskare ut och glänste starkare.

Buck aurait pu être confondu avec un loup géant.

Buck kunde ha misstagits för en gigantisk skogsvarg.

À l'exception du brun sur son museau et des taches au-dessus de ses yeux.

Förutom brunt på nosen och fläckar ovanför ögonen.

Et la traînée de fourrure blanche qui courait au milieu de sa poitrine.

Och den vita pälsstrimman som löpte ner längs mitten av hans bröst.

Il était encore plus grand que le plus grand loup de cette race féroce.

Han var till och med större än den största vargen av den vildsint rasen.

Son père, un Saint-Bernard, lui a donné de la taille et une ossature lourde.

Hans far, en sankt bernhardshund, gav honom storlek och kraftig kroppsbyggnad.

Sa mère, une bergère, a façonné cette masse en forme de loup.

Hans mor, en herde, formade den där massan till en vargliknande skepnad.

Il avait le long museau d'un loup, bien que plus lourd et plus large.

Han hade en vargs långa nosparti, fast tyngre och bredare.

Sa tête était celle d'un loup, mais construite à une échelle massive et majestueuse.

Hans huvud var en vargs, men byggt i en massiv, majestätisk skala.

La ruse de Buck était la ruse du loup et de la nature.

Bucks slughet var vargens och vildmarkens slughet.

Son intelligence lui vient à la fois du berger allemand et du Saint-Bernard.

Hans intelligens kom från både schäfern och sankt bernhard.

Tout cela, ajouté à une expérience difficile, faisait de lui une créature redoutable.

Allt detta, plus hårda erfarenheter, gjorde honom till en fruktad varelse.

Il était aussi redoutable que n'importe quelle bête qui parcourait les régions sauvages du nord.

Han var lika formidabel som alla andra bestar som strövade omkring i den norra vildmarken.

Ne se nourrissant que de viande, Buck a atteint le sommet de sa force.

Buck levde enbart på kött och nådde sin fulla topp.

Il débordait de puissance et de force masculine dans chaque fibre de son être.

Han flödade över av kraft och manlig kraft i varje fiber av honom.

Lorsque Thornton lui caressait le dos, ses poils brillaient d'énergie.

När Thornton strök honom över ryggen glittrade hårstråna av energi.

Chaque cheveu crépitait, chargé du contact du magnétisme vivant.

Varje hårstrå knastrade, laddat med en levande magnetism.

Son corps et son cerveau étaient réglés sur le ton le plus fin possible.

Hans kropp och hjärna var inställda på finaste möjliga tonhöjd.

Chaque nerf, chaque fibre et chaque muscle fonctionnaient en parfaite harmonie.

Varje nerv, fiber och muskel fungerade i perfekt harmoni.

À tout son ou toute vue nécessitant une action, il répondait instantanément.

På varje ljud eller syn som krävde åtgärd reagerade han omedelbart.

Si un husky sautait pour attaquer, Buck pouvait sauter deux fois plus vite.

Om en husky hoppade för att attackera, kunde Buck hoppa dubbelt så snabbt.

Il a réagi plus vite que les autres ne pouvaient le voir ou l'entendre.

Han reagerade snabbare än andra ens kunde se eller höra.

La perception, la décision et l'action se sont produites en un seul instant fluide.

Uppfattning, beslut och handling kom allt i ett flytande ögonblick.

En vérité, ces actes étaient distincts, mais trop rapides pour être remarqués.

I själva verket var dessa handlingar separata, men för snabba för att märkas.

Les intervalles entre ces actes étaient si brefs qu'ils semblaient n'en faire qu'un.

Så korta var mellanrummen mellan dessa handlingar att de verkade som en enda.

Ses muscles et son être étaient comme des ressorts étroitement enroulés.

Hans muskler och varelse var som hårt spiralformade fjädrar.

Son corps débordait de vie, sauvage et joyeux dans sa puissance.

Hans kropp böljade av liv, vild och glädjefylld i sin kraft.

Parfois, il avait l'impression que la force allait jaillir de lui entièrement.

Ibland kändes det som om kraften skulle bryta ur honom helt.

« Il n'y a jamais eu un tel chien », a déclaré Thornton un jour tranquille.

"Det har aldrig funnits en sådan hund", sa Thornton en lugn dag.

Les partenaires regardaient Buck sortir fièrement du camp.

Partnerna såg Buck stolt komma ut ur lägret.

« Lorsqu'il a été créé, il a changé ce que pouvait être un chien », a déclaré Pete.

"När han blev skapad förändrade han vad en hund kan vara", sa Pete.

« Par Jésus ! Je le pense moi-même », acquiesça rapidement Hans.

"Vid Jesus! Jag tror det själv", höll Hans snabbt med.

Ils l'ont vu s'éloigner, mais pas le changement qui s'est produit après.

De såg honom marschera iväg, men inte förändringen som kom efteråt.

Dès qu'il est entré dans les bois, Buck s'est complètement transformé.

Så fort han kom in i skogen förvandlades Buck fullständigt.

Il ne marchait plus, mais se déplaçait comme un fantôme sauvage parmi les arbres.

Han marscherade inte längre, utan rörde sig som ett vilt spöke bland träden.

Il devint silencieux, les pieds comme un chat, une lueur traversant les ombres.

Han blev tyst, kattfotad, en flimmer som for genom skuggorna.

Il utilisait la couverture avec habileté, rampant sur le ventre comme un serpent.

Han täckte sig skickligt och kröp på magen som en orm.

Et comme un serpent, il pouvait bondir en avant et frapper en silence.

Och likt en orm kunde han hoppa fram och slå till i tystnad.

Il pourrait voler un lagopède directement dans son nid caché.

Han kunde stjäla en ripa direkt från dess gömda bo.

Il a tué des lapins endormis sans un seul bruit.

Han dödade sovande kaniner utan ett enda ljud.

Il pouvait attraper des tamias en plein vol alors qu'ils fuyaient trop lentement.

Han kunde fånga jordekorrar mitt i luften eftersom de flydde för långsamt.

Même les poissons dans les bassins ne pouvaient échapper à ses attaques soudaines.

Inte ens fiskar i pölar kunde undkomma hans plötsliga hugg.

Même les castors astucieux qui réparaient les barrages n'étaient pas à l'abri de lui.

Inte ens smarta bävrar som lagade dammar var säkra för honom.

Il tuait pour se nourrir, pas pour le plaisir, mais il préférait tuer ses propres victimes.

Han dödade för mat, inte för skojs skull – men gillade sina egna mord mest.

Pourtant, un humour sournois traversait certaines de ses chasses silencieuses.

Ändå genomsyrades en lömsk humor av några av hans tysta jakter.

Il s'est approché des écureuils, mais les a laissés s'échapper.

Han kröp nära ekorrarna, bara för att låta dem fly.

Ils allaient fuir vers les arbres, bavardant dans une rage effrayée.

De skulle fly till träden, pladdrande av skräckslagen upprördhet.

À l'arrivée de l'automne, les orignaux ont commencé à apparaître en plus grand nombre.

När hösten kom började älgar dyka upp i större antal.

Ils se sont déplacés lentement vers les basses vallées pour affronter l'hiver.

De rörde sig långsamt in i de låga dalarna för att möta vintern.

Buck avait déjà abattu un jeune veau errant.

Buck hade redan fällt en ung, vilsekommen kalv.

Mais il aspirait à affronter des proies plus grandes et plus dangereuses.

Men han längtade efter att möta större, farligare byte.

Un jour, à la ligne de partage des eaux, à la tête du ruisseau, il trouva sa chance.

En dag vid skiljevägen, vid bäckens mynning, fann han sin chans.

Un troupeau de vingt orignaux avait traversé des terres boisées.

En flock på tjugo älgar hade korsat från skogsmarker.

Parmi eux se trouvait un puissant taureau, le chef du groupe.

Bland dem fanns en mäktig tjur; gruppens ledare.

Le taureau mesurait plus de six pieds de haut et avait l'air féroce et sauvage.

Tjuren var över två meter hög och såg vild och stark ut.

Il lança ses larges bois, quatorze pointes se ramifiant vers l'extérieur.

Han slängde sina breda horn, fjorton spetsar förgrenade sig
utåt.

**Les extrémités de ces bois s'étendaient sur sept pieds de
large.**

Spetsarna på dessa horn sträckte sig två och en halv meter
breda.

**Ses petits yeux brûlaient de rage lorsqu'il aperçut Buck à
proximité.**

Hans små ögon brann av ilska när han fick syn på Buck i
närheten.

**Il poussa un rugissement furieux, tremblant de fureur et de
douleur.**

Han släppte ifrån sig ett ursinnigt vrål, darrande av ilska och
smärta.

**Une pointe de flèche sortait près de son flanc, empennée et
pointue.**

En pilspets stack ut nära hans flank, befjädrad och vass.

**Cette blessure a contribué à expliquer son humeur sauvage
et amère.**

Detta sår bidrog till att förklara hans vilda, bittra humör.

**Buck, guidé par un ancien instinct de chasseur, a fait son
mouvement.**

Buck, vägledd av uråldrig jaktinstinkt, gjorde sitt ryck.

Son objectif était de séparer le taureau du reste du troupeau.

Han siktade på att separera tjuren från resten av flocken.

**Ce n'était pas une tâche facile : il fallait de la rapidité et une
ruse féroce.**

Detta var ingen lätt uppgift – det krävdes snabbhet och skarp
list.

Il aboyait et dansait près du taureau, juste hors de portée.

Han skällde och dansade nära tjuren, precis utom räckhåll.

**L'élan s'est précipité avec d'énormes sabots et des bois
mortels.**

Älgen gjorde utfall med enorma hovar och dödliga horn.

**Un seul coup aurait pu mettre fin à la vie de Buck en un clin
d'œil.**

Ett enda slag kunde ha avslutat Bucks liv på ett ögonblick.

Incapable de laisser la menace derrière lui, le taureau devint fou.

Oförmögen att lämna hotet bakom sig blev tjuren galen.

Il chargea avec fureur, mais Buck s'échappa toujours.

Han anföll i raseri, men Buck smet alltid undan.

Buck simula une faiblesse, l'attirant plus loin du troupeau.

Buck fejkade svaghet och lockade honom längre bort från flocken.

Mais les jeunes taureaux allaient charger pour protéger le leader.

Men unga tjurar skulle storma tillbaka för att skydda ledaren.

Ils ont forcé Buck à battre en retraite et le taureau à rejoindre le groupe.

De tvingade Buck att retirera och tjuren att återförenas med gruppen.

Il y a une patience dans la nature, profonde et imparable.

Det finns ett tålamod i det vilda, djupt och ostoppbart.

Une araignée attend immobile dans sa toile pendant d'innombrables heures.

En spindel väntar orörlig i sitt nät i otaliga timmar.

Un serpent s'enroule sans tressaillement et attend que son heure soit venue.

En orm slingrar sig utan att rycka och väntar tills det är dags.

Une panthère se tient en embuscade, jusqu'à ce que le moment arrive.

En panter ligger i bakhåll, tills ögonblicket är inne.

C'est la patience des prédateurs qui chassent pour survivre.

Detta är tålamodet hos rovdjur som jagar för att överleva.

Cette même patience brûlait à l'intérieur de Buck alors qu'il restait proche.

Samma tålamod brann inom Buck medan han höll sig nära.

Il resta près du troupeau, ralentissant sa marche et suscitant la peur.

Han höll sig nära flocken, saktade ner dess marsch och väckte skräck.

Il taquinait les jeunes taureaux et harcelait les vaches mères.

Han retade de unga tjurarna och trakasserade moderkorna.

Il a plongé le taureau blessé dans une rage encore plus profonde et impuissante.
Han drev den sårade tjuren in i ett djupare, hjälplöst raseri.
Pendant une demi-journée, le combat s'est prolongé sans aucun répit.
I en halv dag drog kampen ut utan någon som helst vila.
Buck attaquait sous tous les angles, rapide et féroce comme le vent.
Buck anföll från alla håll, snabbt och våldsamt som vinden.
Il a empêché le taureau de se reposer ou de se cacher avec son troupeau.
Han hindrade tjuren från att vila eller gömma sig med sin hjord.
Le cerf a épuisé la volonté de l'élan plus vite que son corps.
Bock tärde ut älgens vilja snabbare än dess kropp.
La journée passa et le soleil se coucha bas dans le ciel du nord-ouest.
Dagen gick och solen sjönk lågt på den nordvästra himlen.
Les jeunes taureaux revinrent plus lentement pour aider leur chef.
De unga tjurarna återvände långsammare för att hjälpa sin ledare.
Les nuits d'automne étaient revenues et l'obscurité durait désormais six heures.
Höstnätterna hade återvänt, och mörkret varade nu i sex timmar.
L'hiver les poussait vers des vallées plus sûres et plus chaudes.
Vintern pressade dem utför till säkrare, varmare dalar.
Mais ils ne pouvaient toujours pas échapper au chasseur qui les retenait.
Men de kunde ändå inte undkomma jägaren som höll dem tillbaka.
Une seule vie était en jeu : pas celle du troupeau, mais celle de leur chef.
Bara ett liv stod på spel – inte flockens, bara deras ledares.

Cela rendait la menace lointaine et non leur préoccupation urgente.

Det gjorde hotet avlägset och inte deras akuta angelägenhet.

Au fil du temps, ils ont accepté ce prix et ont laissé Buck prendre le vieux taureau.

Med tiden accepterade de denna kostnad och lät Buck ta den gamla tjuren.

Alors que le crépuscule s'installait, le vieux taureau se tenait debout, la tête baissée.

När skymningen föll stod den gamle tjuren med huvudet nedåt.

Il regarda le troupeau qu'il avait conduit disparaître dans la lumière déclinante.

Han såg hjorden han hade lett försvinna in i det bleknande ljuset.

Il y avait des vaches qu'il avait connues, des veaux qu'il avait autrefois engendrés.

Det fanns kor han hade känt, kalvar han en gång hade fått.

Il y avait des taureaux plus jeunes qu'il avait combattus et dominés au cours des saisons précédentes.

Det fanns yngre tjurar som han hade kämpat mot och regerat under tidigare säsonger.

Il ne pouvait pas les suivre, car Buck était à nouveau accroupi devant lui.

Han kunde inte följa dem – ty framför honom hukade sig Buck återigen.

La terreur impitoyable aux crocs bloquait tous les chemins qu'il pouvait emprunter.

Den skoningslösa, huggna skräcken blockerade varje väg han kunde ta.

Le taureau pesait plus de trois cents livres de puissance dense.

Tjuren vägde mer än tre hundra vikt tät kraft.

Il avait vécu longtemps et s'était battu avec acharnement dans un monde de luttes.

Han hade levt länge och kämpat hårt i en värld av kamp.

Mais maintenant, à la fin, la mort venait d'une bête bien en dessous de lui.

Ändå, nu, till slut, kom döden från ett odjur långt under honom.

La tête de Buck n'atteignait même pas les énormes genoux noueux du taureau.

Bucks huvud nådde inte ens tjurens väldiga, knogiga knän.

À partir de ce moment, Buck resta avec le taureau nuit et jour.

Från det ögonblicket stannade Buck hos tjuren natt och dag.

Il ne lui a jamais laissé de repos, ne lui a jamais permis de brouter ou de boire.

Han gav honom aldrig vila, tillät honom aldrig att beta eller dricka.

Le taureau a essayé de manger de jeunes pousses de bouleau et des feuilles de saule.

Tjuren försökte äta unga björkskott och pilblad.

Mais Buck le repoussa, toujours alerte et toujours attaquant.

Men Buck drev bort honom, alltid vaken och alltid anfallande.

Même dans les ruisseaux qui ruisselaient, Buck bloquait toute tentative assoiffée.

Även vid porlande bäckar blockerade Buck varje törstigt försök.

Parfois, par désespoir, le taureau s'enfuyait à toute vitesse.

Ibland, i desperation, flydde tjuren i full fart.

Buck le laissa courir, galopant calmement juste derrière, jamais très loin.

Buck lät honom springa, lugnt hopande strax bakom, aldrig långt borta.

Lorsque l'élan s'arrêta, Buck s'allongea, mais resta prêt.

När älgen stannade lade sig Buck ner, men förblev redo.

Si le taureau essayait de manger ou de boire, Buck frappait avec une fureur totale.

Om tjuren försökte äta eller dricka, slog Buck till med full ilska.

La grosse tête du taureau s'affaissait sous ses vastes bois.

Tjurens stora huvud sänktes lägre under dess väldiga horn.

Son rythme ralentit, le trot devint lourd, une marche trébuchante.

Hans tempo saktade ner, travet blev tungt; en stapplande skritt.

Il restait souvent immobile, les oreilles tombantes et le nez au sol.

Han stod ofta stilla med hängande öron och nosen mot marken.

Pendant ces moments-là, Buck prenait le temps de boire et de se reposer.

Under dessa stunder tog Buck sig tid att dricka och vila.

La langue tirée, les yeux fixés, Buck sentait que la terre était en train de changer.

Med tungan utsträckt, ögonen fästa, kände Buck att landet förändrades.

Il sentit quelque chose de nouveau se déplacer dans la forêt et dans le ciel.

Han kände något nytt röra sig genom skogen och himlen.

Avec le retour des orignaux, d'autres créatures sauvages ont fait de même.

När älgarna återvände, gjorde även andra vilda varelser det.

La terre semblait vivante, avec une présence invisible mais fortement connue.

Landet kändes levande med närvaro, osynligt men starkt känt.

Ce n'était ni par l'ouïe, ni par la vue, ni par l'odorat que Buck le savait.

Det var varken genom ljud, syn eller doft som Buck visste detta.

Un sentiment plus profond lui disait que de nouvelles forces étaient en mouvement.

En djupare känsla sade honom att nya krafter var i rörelse.

Une vie étrange s'agitait dans les bois et le long des ruisseaux.

Märkligt liv rörde sig genom skogarna och längs bäckarna.

Il a décidé d'explorer cet esprit, une fois la chasse terminée.

Han bestämde sig för att utforska denna ande, efter att jakten var avslutad.

Le quatrième jour, Buck a finalement abattu l'élan.

På den fjärde dagen fällde Buck äntligen älgen.

Il est resté près de la proie pendant une journée et une nuit entières, se nourrissant et se reposant.

Han stannade vid bytet en hel dag och natt, åt och vilade.

Il mangea, puis dormit, puis mangea à nouveau, jusqu'à ce qu'il soit fort et rassasié.

Han åt, sedan sov han, sedan åt han igen, tills han var stark och mätt.

Lorsqu'il fut prêt, il retourna vers le camp et Thornton.

När han var redo vände han sig tillbaka mot lägret och Thornton.

D'un pas régulier, il commença le long voyage de retour vers la maison.

Med jämn takt påbörjade han den långa hemresan.

Il courait d'un pas infatigable, heure après heure, sans jamais s'égarer.

Han sprang i sitt outtröttliga lopp, timme efter timme, utan att någonsin avvika.

À travers des terres inconnues, il se déplaçait droit comme l'aiguille d'une boussole.

Genom okända länder rörde han sig rakt som en kompassnål.

Son sens de l'orientation faisait paraître l'homme et la carte faibles en comparaison.

Hans riktningssinne fick människan och kartan att verka svaga i jämförelse.

Tandis que Buck courait, il sentait plus fortement l'agitation dans la terre sauvage.

Medan Buck sprang, kände han starkare av uppståndelsen i det vilda landskapet.

C'était un nouveau genre de vie, différent de celui des mois calmes de l'été.

Det var ett nytt slags liv, till skillnad från de lugna sommarmånaderna.

Ce sentiment n'était plus un message subtil ou distant.

Denna känsla kom inte längre som ett subtilt eller avlägset budskap.

Maintenant, les oiseaux parlaient de cette vie et les écureuils en bavardaient.

Nu talade fåglarna om detta liv, och ekorrarna pladdrade om det.

Même la brise murmurait des avertissements à travers les arbres silencieux.

Till och med brisen viskade varningar genom de tysta träden.

Il s'arrêta à plusieurs reprises et respira l'air frais du matin.

Flera gånger stannade han och sniffade i den friska morgonluften.

Il y lut un message qui le fit bondir plus vite en avant.

Han läste ett meddelande där som fick honom att hoppa framåt snabbare.

Un lourd sentiment de danger l'envahit, comme si quelque chose s'était mal passé.

En stark känsla av fara fyllde honom, som om något hade gått fel.

Il craignait qu'une catastrophe ne se produise – ou ne soit déjà arrivée.

Han befarade att olyckan var på väg – eller redan hade kommit.

Il franchit la dernière crête et entra dans la vallée en contrebas.

Han korsade den sista bergskammen och kom in i dalen nedanför.

Il se déplaçait plus lentement, alerte et prudent à chaque pas.

Han rörde sig långsammare, vaksam och försiktig med varje steg.

À trois milles de là, il trouva une piste fraîche qui le fit se raidir.

Tre mil bort hittade han ett nytt spår som fick honom att stelna till.

Les cheveux le long de son cou ondulaient et se hérissaient d'alarme.

Håret längs hans hals krusade och borstade av oro.

Le sentier menait directement au camp où Thornton attendait.

Stigen ledde rakt mot lägret där Thornton väntade.

Buck se déplaçait désormais plus rapidement, sa foulée à la fois silencieuse et rapide.

Buck rörde sig snabbare nu, hans steg både tysta och snabba.

Ses nerfs se sont resserrés lorsqu'il a lu des signes que d'autres allaient manquer.

Hans nerver spändes när han läste tecken som andra skulle missa.

Chaque détail du sentier racontait une histoire, sauf le dernier morceau.

Varje detalj i leden berättade en historia – förutom den sista biten.

Son nez lui parlait de la vie qui s'était déroulée ici.

Hans näsa berättade honom om livet som hade passerat på detta sätt.

L'odeur lui donnait une image changeante alors qu'il le suivait de près.

Doften gav honom en växlande bild när han följde tätt efter.

Mais la forêt elle-même était devenue silencieuse, anormalement immobile.

Men skogen själv hade blivit tyst; onaturligt stilla.

Les oiseaux avaient disparu, les écureuils étaient cachés, silencieux et immobiles.

Fåglar hade försvunnit, ekorrar var gömda, tysta och stilla.

Il n'a vu qu'un seul écureuil gris, allongé sur un arbre mort.

Han såg bara en grå ekorre, platt på ett dött träd.

L'écureuil se fondait dans la masse, raide et immobile comme une partie de la forêt.

Ekorren smälte in i gruppen, stel och orörlig som en del av skogen.

Buck se déplaçait comme une ombre, silencieux et sûr à travers les arbres.

Buck rörde sig som en skugga, tyst och säker genom träden.

Son nez se souleva sur le côté comme s'il était tiré par une main invisible.

Hans näsa ryckte åt sidan som om den drogs av en osynlig hand.

Il se retourna et suivit la nouvelle odeur jusqu'au plus profond d'un fourré.

Han vände sig om och följde den nya doften djupt in i ett snår.

Là, il trouva Nig, étendu mort, transpercé par une flèche.

Där fann han Nig, liggande död, genomborrad av en pil.

La flèche traversa son corps, laissant encore apparaître ses plumes.

Skaftet gick rakt genom hans kropp, fjädrarna syntes fortfarande.

Nig s'était traîné jusqu'ici, mais il était mort avant d'avoir pu obtenir de l'aide.

Nig hade släpat sig dit, men dog innan han nådde fram till hjälp.

Une centaine de mètres plus loin, Buck trouva un autre chien de traîneau.

Hundra meter längre fram hittade Buck en annan slädhund.

C'était un chien que Thornton avait racheté à Dawson City.

Det var en hund som Thornton hade köpt hemma i Dawson City.

Le chien était en proie à une lutte à mort, se débattant violemment sur le sentier.

Hunden var i en dödskamp och sprattlade hårt på stigen.

Buck le contourna sans s'arrêter, les yeux fixés devant lui.

Buck gick förbi honom utan att stanna, med blicken fäst framåt.

Du côté du camp venait un chant lointain et rythmé.

Från lägret kom en avlägsen, rytmisk sång.

Les voix s'élevaient et retombaient sur un ton étrange, inquiétant et chantant.

Röster höjdes och sjönk i en märklig, kuslig, sjungande ton.

Buck rampa jusqu'au bord de la clairière en silence.

Buck kröp fram till gläntans kant i tystnad.

Là, il vit Hans étendu face contre terre, percé de nombreuses flèches.

Där såg han Hans ligga med ansiktet nedåt, genomborrad av många pilar.

Son corps ressemblait à celui d'un porc-épic, hérissé de plumes.

Hans kropp såg ut som ett piggsvin, full av befjädrade skaft.

Au même moment, Buck regarda vers le pavillon en ruine.

I samma ögonblick tittade Buck mot den förstörda stugan.

Cette vue lui fit dresser les cheveux sur la nuque et les épaules.

Synen fick håret att resa sig stelt på hans nacke och axlar.

Une tempête de rage sauvage parcourut tout le corps de Buck.

En storm av vild ilska svepte genom hela Bucks kropp.

Il grogna à haute voix, même s'il ne savait pas qu'il l'avait fait.

Han morrade högt, fast han inte visste att han hade gjort det.

Le son était brut, rempli d'une fureur terrifiante et sauvage.

Ljudet var rått, fyllt av skrämmande, vild ilska.

Pour la dernière fois de sa vie, Buck a perdu la raison au profit de l'émotion.

För sista gången i sitt liv tappade Buck förståndet till förmån för känslorna.

C'est l'amour pour John Thornton qui a brisé son contrôle minutieux.

Det var kärleken till John Thornton som bröt hans noggranna kontroll.

Les Yeehats dansaient autour de la hutte en épicéa détruite.

Familjen Yeehat dansade runt den förfallna granstugan.

Puis un rugissement retentit et une bête inconnue chargea vers eux.

Sedan kom ett vrål – och ett okänt odjur stormade mot dem.

C'était Buck ; une fureur en mouvement ; une tempête vivante de vengeance.

Det var Buck; ett raseri i rörelse; en levande hämndstorm.

Il se jeta au milieu d'eux, fou du besoin de tuer.

Han kastade sig mitt ibland dem, galen av behovet att döda.

Il sauta sur le premier homme, le chef Yeehat, et frappa juste.

Han hoppade på den förste mannen, Yeehat-hövdingen, och slog till.

Sa gorge fut déchirée et du sang jaillit à flots.

Hans hals var uppriven och blod sprutade fram i en ström.

Buck ne s'arrêta pas, mais déchira la gorge de l'homme suivant d'un seul bond.

Buck stannade inte, utan slet av nästa mans hals med ett enda språng.

Il était inarrêtable : il déchirait, taillait, ne s'arrêtait jamais pour se reposer.

Han var ostoppbar – slet sönder, högg, stannade aldrig upp för att vila.

Il s'élança et bondit si vite que leurs flèches ne purent l'atteindre.

Han pilade och sprang så fort att deras pilar inte kunde nå honom.

Les Yeehats étaient pris dans leur propre panique et confusion.

Familjen Yeehat var fångade i sin egen panik och förvirring.

Leurs flèches manquèrent Buck et se frappèrent l'une l'autre à la place.

Deras pilar missade Buck och träffade varandra istället.

Un jeune homme a lancé une lance sur Buck et a touché un autre homme.

En yngling kastade ett spjut mot Buck och träffade en annan man.

La lance lui transperça la poitrine, la pointe lui transperçant le dos.

Spjutet trängde igenom hans bröst, spetsen stack ut hans rygg.

La terreur s'empara des Yeehats et ils se mirent en retraite.

Skräck svepte över Yeehats, och de bröt sig till full reträtt.

Ils crièrent à l'Esprit Maléfique et s'enfuirent dans les ombres de la forêt.

De skrek efter den onda anden och flydde in i skogens skuggor.

Vraiment, Buck était comme un démon alors qu'il poursuivait les Yeehats.

Buck var sannerligen som en demon när han jagade Yeehats.

Il les poursuivit à travers la forêt, les faisant tomber comme des cerfs.

Han rusade efter dem genom skogen och fällde dem som hjortar.

Ce fut un jour de destin et de terreur pour les Yeehats effrayés.

Det blev en ödets och skräckens dag för de skrämda Yeehats.

Ils se dispersèrent à travers le pays, fuyant au loin dans toutes les directions.

De spreds över landet och flydde långt i alla riktningar.

Une semaine entière s'est écoulée avant que les derniers survivants ne se retrouvent dans une vallée.

En hel vecka gick innan de sista överlevande möttes i en dal.

Ce n'est qu'alors qu'ils ont compté leurs pertes et parlé de ce qui s'était passé.

Först då räknade de sina förluster och talade om vad som hände.

Buck, après s'être lassé de la chasse, retourna au camp en ruine.

Efter att ha tröttnat på jakten återvände Buck till det förstörda lägret.

Il a trouvé Pete, toujours dans ses couvertures, tué lors de la première attaque.

Han hittade Pete, fortfarande i sina filtar, dödad i den första attacken.

Les signes du dernier combat de Thornton étaient marqués dans la terre à proximité.

Spår av Thorntons sista kamp fanns markerade i jorden i närheten.

Buck a suivi chaque trace, reniflant chaque marque jusqu'à un point final.

Buck följde varje spår och nosade på varje märke ända till en slutpunkt.

Au bord d'un bassin profond, il trouva le fidèle Skeet, allongé immobile.

Vid kanten av en djup damm fann han den trogne Skeet, liggande stilla.

La tête et les pattes avant de Skeet étaient dans l'eau, immobiles dans la mort.

Skeets huvud och framtassar var i vattnet, orörliga i döden.

La piscine était boueuse et contaminée par les eaux de ruissellement provenant des écluses.

Poolen var lerig och befläckad av avrinning från slusslådorna.

Sa surface nuageuse cachait ce qui se trouvait en dessous, mais Buck connaissait la vérité.

Dess molniga yta dolde vad som låg under, men Buck visste sanningen.

Il a suivi l'odeur de Thornton dans la piscine, mais l'odeur ne menait nulle part ailleurs.

Han följde Thorntons doft ner i dammen – men doften ledde ingen annanstans.

Aucune odeur ne menait à l'extérieur, seulement le silence des eaux profondes.

Det fanns ingen doft som ledde ut – bara tystnaden av djupt vatten.

Toute la journée, Buck resta près de la piscine, arpentant le camp avec chagrin.

Hela dagen stannade Buck nära dammen och gick sorgset fram och tillbaka i lägret.

Il errait sans cesse ou restait assis, immobile, perdu dans ses pensées.

Han vandrade rastlöst omkring eller satt stilla, försjunken i tunga tankar.

Il connaissait la mort, la fin de la vie, la disparition de tout mouvement.

Han kände döden; livets slut; all rörelses försvinnande.

Il comprit que John Thornton était parti et ne reviendrait jamais.

Han förstod att John Thornton var borta och aldrig skulle återvända.

La perte a laissé en lui un vide qui palpitait comme la faim.
Förlusten lämnade ett tomrum inom honom som pulserade som hunger.

Mais c'était une faim que la nourriture ne pouvait apaiser, peu importe la quantité qu'il mangeait.
Men detta var en hunger som mat inte kunde stilla, oavsett hur mycket han åt.

Parfois, alors qu'il regardait les Yeehats morts, la douleur s'estompait.
Ibland, när han tittade på de döda Yeehats, bleknade smärtan.

Et puis une étrange fierté monta en lui, féroce et complète.
Och sedan steg en märklig stolthet inom honom, våldsam och fullständig.

Il avait tué l'homme, le gibier le plus élevé et le plus dangereux de tous.
Han hade dödat människan, det högsta och farligaste spelet av alla.

Il avait tué au mépris de l'ancienne loi du gourdin et des crocs.
Han hade dödat i strid med den urgamla lagen om klubba och huggtand.

Buck renifla leurs corps sans vie, curieux et pensif.
Buck sniffade på deras livlösa kroppar, nyfiken och fundersam.

Ils étaient morts si facilement, bien plus facilement qu'un husky dans un combat.
De hade dött så lätt – mycket lättare än en husky i ett slagsmål.

Sans leurs armes, ils n'avaient aucune véritable force ni menace.
Utan sina vapen hade de ingen verklig styrka eller hot.

Buck n'aurait plus jamais peur d'eux, à moins qu'ils ne soient armés.
Buck skulle aldrig bli rädd för dem igen, om de inte var beväpnade.

Ce n'est que lorsqu'ils portaient des gourdins, des lances ou des flèches qu'il se méfiait.

Bara när de bar klubbor, spjut eller pilar skulle han akta sig.

La nuit tomba et une pleine lune se leva au-dessus de la cime des arbres.
Natten föll, och en fullmåne steg högt över trädens toppar.
La pâle lumière de la lune baignait la terre d'une douce lueur fantomatique, comme le jour.
Månens bleka ljus badade landet i ett mjukt, spöklikt sken likt dag.
Alors que la nuit s'approfondissait, Buck pleurait toujours au bord de la piscine silencieuse.
Medan natten blev djupare sörjde Buck fortfarande vid den tysta dammen.
Puis il prit conscience d'un autre mouvement dans la forêt.
Sedan blev han medveten om en annan rörelse i skogen.
L'agitation ne venait pas des Yeehats, mais de quelque chose de plus ancien et de plus profond.
Uppståndelsen kom inte från Yeehats, utan från något äldre och djupare.
Il se leva, les oreilles dressées, le nez testant la brise avec précaution.
Han reste sig upp, med öronen lyfta och näsan undersökte försiktigt vinden.
De loin, un cri faible et aigu perça le silence.
Fjärranifrån hördes ett svagt, skarpt skrik som genombröt tystnaden.
Puis un chœur de cris similaires suivit de près le premier.
Sedan följde en kör av liknande rop tätt efter det första.
Le bruit se rapprochait, devenant plus fort à chaque instant qui passait.
Ljudet kom närmare och blev högre för varje ögonblick som gick.
Buck connaissait ce cri : il venait de cet autre monde dans sa mémoire.
Buck kände igen det här ropet – det kom från den där andra världen i hans minne.

Il se dirigea vers le centre de l'espace ouvert et écouta attentivement.

Han gick till mitten av den öppna platsen och lyssnade uppmärksamt.

L'appel retentit, multiple et plus puissant que jamais.

Ropet ljöd, mångnoterat och kraftfullare än någonsin.

Et maintenant, plus que jamais, Buck était prêt à répondre à son appel.

Och nu, mer än någonsin tidigare, var Buck redo att svara på hans kallelse.

John Thornton était mort et il ne lui restait plus aucun lien avec l'homme.

John Thornton var död, och ingen koppling till människan fanns kvar inom honom.

L'homme et toutes ses prétentions avaient disparu : il était enfin libre.

Människan och alla mänskliga anspråk var borta – han var äntligen fri.

La meute de loups chassait de la viande comme les Yeehats l'avaient fait autrefois.

Vargflocken jagade kött precis som Yeehats en gång gjorde.

Ils avaient suivi les orignaux depuis les terres boisées.

De hade följt älgar ner från de skogsklädda markerna.

Maintenant, sauvages et affamés de proies, ils traversèrent sa vallée.

Nu, vilda och hungriga efter byte, korsade de in i hans dal.

Ils arrivèrent dans la clairière éclairée par la lune, coulant comme de l'eau argentée.

In i den månbelysta gläntan kom de, flödande som silverfärgat vatten.

Buck se tenait immobile au centre, les attendant.

Buck stod stilla i mitten, orörlig och väntade på dem.

Sa présence calme et imposante a stupéfié la meute et l'a plongée dans un bref silence.

Hans lugna, stora närvaro chockade flocken till en kort tystnad.

Alors le loup le plus audacieux sauta droit sur lui sans hésitation.

Då hoppade den djärvaste vargen rakt på honom utan att tveka.

Buck frappa vite et brisa le cou du loup d'un seul coup.

Buck slog till snabbt och bröt vargens nacke i ett enda slag.

Il resta immobile à nouveau tandis que le loup mourant se tordait derrière lui.

Han stod orörlig igen medan den döende vargen vred sig bakom honom.

Trois autres loups ont attaqué rapidement, l'un après l'autre.

Tre fler vargar attackerade snabbt, en efter en.

Chacun d'eux s'est retiré en sang, la gorge ou les épaules tranchées.

Var och en drog sig tillbaka blödande, med uppskurna halsar eller axlar.

Cela a suffi à déclencher une charge sauvage de toute la meute.

Det räckte för att utlösa en vild attack mot hela flocken.

Ils se précipitèrent ensemble, trop impatients et trop nombreux pour bien frapper.

De rusade in tillsammans, för ivriga och för trånga för att slå till ordentligt.

La vitesse et l'habileté de Buck lui ont permis de rester en tête de l'attaque.

Bucks snabbhet och skicklighet gjorde att han kunde ligga steget före attacken.

Il tournait sur ses pattes arrière, claquant et frappant dans toutes les directions.

Han snurrade runt på bakbenen, fräste och slog i alla riktningar.

Pour les loups, cela donnait l'impression que sa défense ne s'était jamais ouverte ou n'avait jamais faibli.

För vargarna verkade det som om hans försvar aldrig öppnades eller vacklade.

Il s'est retourné et a frappé si vite qu'ils ne pouvaient pas passer derrière lui.

Han vände sig om och högg så snabbt att de inte kunde
komma bakom honom.

**Néanmoins, leur nombre l'obligea à céder du terrain et à
reculer.**

Ändå tvingade deras antal honom att ge mark och backa.

**Il passa devant la piscine et descendit dans le lit rocheux du
ruisseau.**

Han rörde sig förbi dammen och ner i den steniga bäckfåran.

Là, il se heurta à un talus abrupt de gravier et de terre.

Där stötte han på en brant sluttning av grus och jord.

**Il s'est retrouvé coincé dans un coin coupé lors des fouilles
des mineurs.**

Han körde in i ett hörn som skars av under gruvarbetarnas
gamla grävning.

**Désormais protégé sur trois côtés, Buck ne faisait face qu'au
loup de devant.**

Nu, skyddad från tre sidor, stod Buck bara inför den främsta
vargen.

**Là, il se tenait à distance, prêt pour la prochaine vague
d'assaut.**

Där stod han i schack, redo för nästa våg av anfall.

Buck a tenu bon si farouchement que les loups ont reculé.

Buck stod så hårt stånd att vargarna drog sig tillbaka.

**Au bout d'une demi-heure, ils étaient épuisés et visiblement
vaincus.**

Efter en halvtimme var de utmattade och synbart besegrade.

**Leurs langues pendaient, leurs crocs blancs brillaient au
clair de lune.**

Deras tungor hängde ut, deras vita huggtänder glänste i
månskenet.

**Certains loups se sont couchés, la tête levée, les oreilles
dressées vers Buck.**

Några vargar lade sig ner med huvudet höjd och öronen
spetsade mot Buck.

**D'autres restaient immobiles, vigilants et observant chacun
de ses mouvements.**

Andra stod stilla, vaksamma och iakttog hans varje rörelse.

Quelques-uns se sont dirigés vers la piscine et ont bu de l'eau froide.

Några gick till poolen och drack kallt vatten.

Puis un loup gris, long et maigre, s'avança doucement.

Sedan smög en lång, mager grå varg fram på ett försiktigt sätt.

Buck le reconnut : c'était le frère sauvage de tout à l'heure.

Buck kände igen honom – det var den vilde brodern från förr.

Le loup gris gémit doucement, et Buck répondit par un gémissement.

Den grå vargen gnällde mjukt, och Buck svarade med ett gnäll.

Ils se touchèrent le nez, tranquillement et sans menace ni peur.

De rörde vid näsorna, tyst och utan hot eller rädsla.

Ensuite est arrivé un loup plus âgé, maigre et marqué par de nombreuses batailles.

Nästa kom en äldre varg, mager och ärrad efter många strider.

Buck commença à grogner, mais s'arrêta et renifla le nez du vieux loup.

Buck började morra, men tystnade och sniffade på den gamle vargens nos.

Le vieux s'assit, leva le nez et hurla à la lune.

Den gamle satte sig ner, höjde på nosen och ylade mot månen.

Le reste de la meute s'assit et se joignit au long hurlement.

Resten av flocken satte sig ner och medverkade i det långa ylandet.

Et maintenant, l'appel est venu à Buck, indubitable et fort.

Och nu kom kallelsen till Buck, otvetydig och stark.

Il s'assit, leva la tête et hurla avec les autres.

Han satte sig ner, lyfte huvudet och ylade med de andra.

Lorsque les hurlements ont cessé, Buck est sorti de son abri rocheux.

När ylandet tog slut klev Buck ut ur sitt steniga skydd.

La meute se referma autour de lui, reniflant à la fois gentiment et avec prudence.

Flocken slöt sig om honom och nosade både vänligt och försiktigt.

Les chefs ont alors poussé un cri et se sont précipités dans la forêt.
Sedan gav ledarna till ett skrik och sprang iväg in i skogen.
Les autres loups suivirent, hurlant en chœur, sauvages et rapides dans la nuit.
De andra vargarna följde efter, skrikande i kör, vilda och snabba i natten.
Buck courait avec eux, à côté de son frère sauvage, hurlant en courant.
Buck sprang med dem, bredvid sin vilde bror, och ylade medan han sprang.

Ici, l'histoire de Buck fait bien de se terminer.
Här gör berättelsen om Buck det bra att nå sitt slut.
Dans les années qui suivirent, les Yeehats remarquèrent d'étranges loups.
Under åren som följde lade Yeehats märke till konstiga vargar.
Certains avaient du brun sur la tête et le museau, du blanc sur la poitrine.
Vissa hade brunt på huvudet och nospartiet, vitt på bröstet.
Mais plus encore, ils craignaient une silhouette fantomatique parmi les loups.
Men ännu mer fruktade de en spöklik figur bland vargarna.
Ils parlaient à voix basse du Chien Fantôme, chef de la meute.
De talade i viskningar om Spökhunden, flockens ledare.
Ce chien fantôme était plus rusé que le plus audacieux des chasseurs Yeehat.
Denna Spökhund var slughete än den djärvaste Yeehat-jägaren.
Le chien fantôme a volé dans les camps en plein hiver et a déchiré leurs pièges.
Spökhunden stal från läger i djupvinter och slet sönder deras fällor.
Le chien fantôme a tué leurs chiens et a échappé à leurs flèches sans laisser de trace.

Spökhunden dödade deras hundar och undkom deras pilar spårlöst.

Même leurs guerriers les plus courageux craignaient d'affronter cet esprit sauvage.

Till och med deras modigaste krigare fruktade att möta denna vilda ande.

Non, l'histoire devient encore plus sombre à mesure que les années passent dans la nature.

Nej, berättelsen blir ännu mörkare allt eftersom åren går i det vilda.

Certains chasseurs disparaissent et ne reviennent jamais dans leurs camps éloignés.

Vissa jägare försvinner och återvänder aldrig till sina avlägsna läger.

D'autres sont retrouvés la gorge arrachée, tués dans la neige.

Andra hittas med uppslitna halsar, döda i snön.

Autour de leur corps se trouvent des traces plus grandes que celles que n'importe quel loup pourrait laisser.

Runt deras kroppar finns spår – större än någon varg skulle kunna göra.

Chaque automne, les Yeehats suivent la piste de l'élan.

Varje höst följer Yeehats älgens spår.

Mais ils évitent une vallée avec la peur profondément gravée dans leur cœur.

Men de undviker en dal med rädsla djupt inristad i sina hjärtan.

Ils disent que la vallée a été choisie par l'Esprit du Mal pour y vivre.

De säger att dalen är utvald av den onda anden för sitt hem.

Et quand l'histoire est racontée, certaines femmes pleurent près du feu.

Och när historien berättas gråter några kvinnor bredvid elden.

Mais en été, un visiteur vient dans cette vallée tranquille et sacrée.

Men på sommaren kommer en besökare till den tysta, heliga dalen.

Les Yeehats ne le connaissent pas et ne peuvent pas le comprendre.

Yeehats känner inte till honom, och de kunde inte heller förstå.

Le loup est un grand loup, revêtu de gloire, comme aucun autre de son espèce.

Vargen är en stor varelse, täckt av prakt, olik ingen annan i sitt slag.

Lui seul traverse le bois vert et entre dans la clairière de la forêt.

Han ensam går över från det gröna skogsområdet och in i skogsgläntan.

Là, la poussière dorée des sacs en peau d'élan s'infiltre dans le sol.

Där sipprar gyllene damm från älgskinnssäckar ner i jorden.

L'herbe et les vieilles feuilles ont caché le jaune du soleil.

Gräs och gamla löv har dolt det gula från solen.

Ici, le loup se tient en silence, réfléchissant et se souvenant.

Här står vargen i tystnad, tänker och minns.

Il hurle une fois, longuement et tristement, avant de se retourner pour partir.

Han ylar en gång – långt och sorgset – innan han vänder sig om för att gå.

Mais il n'est pas toujours seul au pays du froid et de la neige.

Ändå är han inte alltid ensam i kylans och snöns land.

Quand les longues nuits d'hiver descendent sur les basses vallées.

När långa vinternätter sänker sig över de lägre dalarna.

Quand les loups suivent le gibier à travers le clair de lune et le gel.

När vargarna följer vilt genom månsken och frost.

Puis il court en tête du peloton, sautant haut et sauvagement.

Sedan springer han i spetsen för flocken, hoppande högt och vilt.

Sa silhouette domine les autres, sa gorge est animée par le chant.

Hans gestalt tornar upp sig över de andra, hans strupe
levande av sång.

C'est le chant du monde plus jeune, la voix de la meute.
Det är den yngre världens sång, flockens röst.

Il chante en courant, fort, libre et toujours sauvage.
Han sjunger medan han springer – stark, fri och evigt vild.